Bruno Mugnai - Alberto Secco

LA GUERRA DI CANDIA 1645-69

VOLUME 1: ASSEDI E OPERAZIONI CAMPALI

THE WAR OF CANDIA - VOL.1 SIEGES AND FIELD OPERATIONS

BATTLEFIELD 002

SOLDIERSHOP PUBLISHING

AUTORI - AUTHORS:

Bruno Mugnai è nato a Firenze nel 1962 e ci vive con Silvia, Chiara ed Eugenio. Appassionato di storia militare fin da giovanissimo, ha pubblicato due libri sull'esercito ottomano dal 1645 al 1718; è inoltre autore di saggi sulle campagne italiane della guerra di Successione Spagnola e di articoli di uniformologia e storia militare del Seicento e del Settecento. Ha pubblicato per l'Ufficio Storico dell'esercito italiano una monografia sulle istituzioni militari dello stato di Lucca nell'Ottocento e per lo stesso editore ha completato un analogo contributo sull'esercito del granducato di Toscana dal 1737 al 1799. Con Luca Cristini ha collaborato alle illustrazioni dei due volumi dedicati alla guerra dei Trent'anni e alla realizzazione di diversi titoli della serie Soldiershop.

***Bruno Mugnai** was born in 1962 in Florence, where lives with Silvia, Chiara and Eugenio. Military enthusiast since his youth, he has published two volumes on the Ottoman Army and he is author of several works concerning the Italian campaigns of the Spanish Succession War and uniformology articles about 17th and 18th century's warfare. He has written a book for the Army Historical Office of the Italian Army on the State of Lucca soldiers in the 19th century and another one on the army of Granduchy of Toscany in the18th century. With Luca Cristini he has collaborated as illustrator for the books 'the Thirty Years War' and as author of several Soldiershop titles.*

Alberto Secco, è nato a Venezia nel 1959, si è laureato in Fisica ed è Membro ordinario dell'ISTIAEN (istituto italiano di archeologia e etnologia navale); i suoi interessi storici vertono sulla storia militare della Repubblica di Venezia, sulla quale ha pubblicato diversi articoli su riviste specializzate.

Alberto Secco was born in 1959 in Venice, he has a degree in Physics an he is member of the ISTIAEN (Italian Institute of Naval Archeology and Ethnology); his historical interests concern the military history of the Republic of Venice, on which he has published several articles in refereed journals.

NOTE EDITORIALI - PUBLISHING'S NOTE

BATTLEFIELD

BattleField, è la collana che analizza i campi di battaglia dal punto di vista "oggi e allora" Offrendo prospettive inedite ed interessanti per lo studio degli scontri principali della storia attraverso armi, uniformi e mappe storiche di eserciti e soldati impegnate nelle più famose campagne militari. La collana è caratterizzata da una linea di colore rosso sulla copertina.

ISBN: 978-88-96519-43-1 1st edition: May , 2011, 1a ristampa Gennaio 2013
Title: **La Guerra di Candia 1645-1669** . **Volume 1: assedi e operazioni campali (BattleField 002)** by Bruno Mugnai e Alberto Secco.
Editor: SOLDIERSHOP PUBLISHING. Cover & Art Design: Luca S. Cristini. Illustrations by Bruno Mugnai.
La bibliografia dell'opera sarà pubblicata con il secondo volume.

In cover : Ufficiale ingegnere e soldato impegnati nella guerra di mine 1667.
Printing by/Stampato da ColorArt di Rodengo Saiano (BS) Italy.

PREFAZIONE - PREFACE

La storia militare della seconda metà XVII secolo è dominata dai grandi conflitti fra le potenze cristiane e l'Impero Ottomano. Riguardo queste lotte molto si è scritto sulle campagne di guerra successive all'assedio di Vienna del 1683 e alla definitiva sconfitta subita degli eserciti del sultano, mentre fino a oggi sono relativamente pochi gli studi sulla lunga guerra che oppose per quasi venticinque anni la Repubblica di Venezia all'Impero Ottomano per il possesso di Creta. La principale responsabile di questo fatto è stata la storiografia italiana, a lungo poco disposte a raccontare le sconfitte, o quantomeno a fornire un quadro obiettivo agli avvenimenti, preferendo esaltare la resistenza dei difensori ma evitando di analizzarne gli errori e le diverse inefficienze. A parte alcuni studi pubblicati da autori di lingua tedesca, usciti sulla scorta delle testimonianze degli ufficiali a capo dei tanti corpi mercenari ingaggiati da Venezia, sia le fonti veneziane che quelle turche rimanevano complessivamente poco accessibili; inoltre, solo recentemente questo conflitto è stato collocato dagli storici in un contesto più ampio, specie mettendolo in relazione alle trasformazioni economiche avvenute in quel secolo nel Mediterraneo. Si prendeva atto che la durata stessa del conflitto costituiva la prova evidente del cambiamento strutturale dell'economia dei due Stati in lotta, perché se il commercio marittimo fosse stato ancora la fonte di reddito principale, né Istanbul e tantomeno Venezia avrebbero potuto continuare a battersi così a lungo. La nuova prospettiva metteva inoltre in piena luce la vocazione multiculturale della Repubblica di San Marco e il rilevante aiuto - per quanto alterno - ricevuto dagli altri Stati italiani. In questo contesto la stupenda mostra allestita a Venezia nel 1986 - che aveva per titolo 'Venezia e la difesa del Levante'- apriva uno spiraglio sulle fonti dirette, recuperando le testimonianze dei protagonisti di quella lunga lotta. Undici anni dopo si apriva nella stessa Creta un convegno di studiosi italiani e greci sul secolare rapporto fra l'isola e Venezia, che portava nuovi contributi agli studi sugli assedi delle principali città. Purtroppo, però, per molti anni ancora i contributi sul militare hanno continuato a essere rari e, eccettuati i pregevoli studi di Guido Candiani sulle navi della Serenissima, quasi niente esisteva sul dispositivo bellico veneziano e sulla storia dei contingenti italiani che combatterono nell'epica difesa del regno. E' bene ricordare che i lavori di questa collana non pretendono di colmare i vuoti della storiografia, tuttavia lo studio condotto dai due autori di questo titolo fornisce un contributo di rilievo alla storia militare del XVII secolo, dentro la quale la lotta per Creta rappresentò un episodio che ebbe vastissima eco in tutto il mondo. L'importanza della vicenda nel contesto della politica non solo del Mediterraneo, ma di tutta Europa è facilmente riscontrabile dal numero di cancellerie coinvolte nella guerra, sia direttamente che nelle trattative diplomatiche. Negli ultimi anni del conflitto si concentrarono a Candia uomini provenienti da quasi tutti i paesi d'Europa - e per gli ottomani anche dall'Asia e dall'Africa - e forse fu solo per questione di distanza dal teatro delle operazioni che alla lotta non parteciparono anche polacchi e russi, nonostante Venezia avesse tentato più di una volta di organizzare con quei governi un fronte anti-turco il più vasto possibile.
Anche riguardo la ricostruzione degli equipaggiamenti da guerra, questo lavoro apre uno spiraglio su un periodo poco frequentato dalla letteratura di settore, sebbene si tratti di anni nei quali avvennero grandi trasformazione tanto negli armamenti come nella messa a punto di nuove tattiche di combattimento. Nonostante il repertorio iconografico relativo a quelle vicende presenti molti problemi di interpretazione, le diverse tipologie dei soldati protagonisti di quella lotta sono state restituite con estrema cura, basandosi sugli esempi coevi più significativi e recuperando molti fonti inedite.

Luca Cristini.

INDICE - CONTENTS:

LA GUERRA DI CANDIA 1645-69

INTRODUZIONE

Il sole era appena sorto e già i primi raggi annunciavano la calura dell'estate cretese. Alcuni minatori armeni discutevano assieme a un *aga* turco gli ultimi dettagli dell'operazione da compiere. L'ufficiale era impaziente di vedere i minatori riprendere lo scavo e per assicurarsi la loro sollecitudine aveva promesso ai capi un aumento del premio pattuito. Molteplici erano infatti i pericoli che quell'impresa comportava: innescare una mina sotto il rivellino di Panigrà, sul lato occidentale delle mura di Candia, superando un settore attraversato da una contromina avversaria, scoperta solo alcuni giorni prima. A venti metri sotto terra, nel calore insopportabile e alla luce delle candele, i minatori erano avanzati con sforzi sovrumani; quindi, giunti in prossimità della diramazione che portava sotto il bastione, avevano aggirato la contromina scavando un'altra galleria e, per scongiurare al massimo la possibilità di essere scoperti, erano state spente le lanterne. Per giorni avevano lavorato nella più completa oscurità superando uno sbarramento di pali e macigni realizzato dai veneziani; poco oltre si trovavano gli ultimi metri di galleria: uno strettissimo cunicolo nel quale un solo uomo poteva entrare avanzando penosamente, quasi strisciando al suolo. Giunto in prossimità della camera di scoppio il minatore aveva seguito la corda che serviva da traguardo, continuando a stivare le cariche esplosive. Uno dopo l'altro gli involucri contenenti la polvere si erano accumulati nella cavità e ora - per ottenere il massimo risultato - era necessario murare l'accesso, in modo che l'energia dell'esplosione venisse convogliata verso l'alto per provocare il crollo delle opere in superficie. Proprio mentre l'ultimo strato di malta stava sigillando la mina, un improvviso bagliore aveva squarciato l'oscurità e subito dopo era risuonato il crepitare delle armi da fuoco. Da una galleria laterale, scavata con altrettanta silenziosa cura, i veneziani avevano intercettato gli avversari guadagnando il minuto decisivo. Questo e altri spaventosi combattimenti contrassegnarono le ultime fasi dell'assedio di Candia, episodio decisivo della guerra che per ventiquattro anni fu combattuta fra la Repubblica di San Marco e la Sublime Porta per il possesso dell'isola di Creta. Rispetto al conflitto del 1570-73 - combattuto fra due Stati nel pieno della forza – la guerra assunse i connotati di un logorante duello combattuto da due Stati in profonda crisi e si svolse in un teatro - il

▼ **L'isola di Creta** *in un portolano turco del XVII secolo.* ***Crete Island*** *from a 17th Century Turkish naval map.*

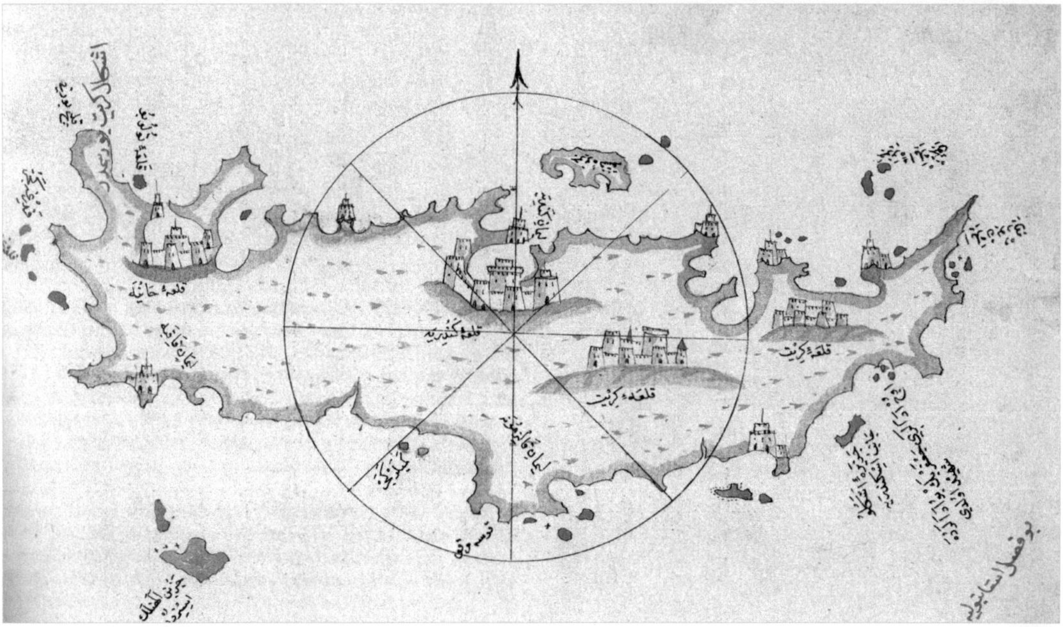

Mediterraneo - che aveva perduto la sua secolare centralità. Il conflitto condizionò la storia dei due paesi in lotta e le vicende della guerra ebbero un'eco vastissima: Candia fu il luogo di confronto di due diversi modelli militari, quello occidentale e quello ottomano; nell'immaginario del Seicento divenne il 'Campo di Marte' del continente. A noi contemporanei queste campagne mostrano una specifica peculiarità, in quanto rappresentano la prima 'guerra di materiali', ovvero un conflitto combattuto lontano dal territorio metropolitano degli Stati in lotta: il centro di gravità era rappresentato dalle operazioni sull'isola, mentre il duello strategico decisivo avvenne sul mare e il territorio metropolitano dei due belligeranti rimase solo lambito dalle operazioni belliche. Fu uno scontro dove l'organizzazione logistica e la capacità di rifornire gli eserciti costituirono la differenza, molto simile, per fornire un esempio comprensibile a tutti, alle campagne nel Pacifico sud occidentale nel secondo conflitto mondiale. Si potrebbe affermare che quello di Candia sia stato il primo conflitto dell'età contemporanea, ma combattuto con i mezzi del XVII secolo. Dal punto di vista strategico si possono individuare tre diversi fronti: l'isola di Creta - con la capitale Candia - il Mediterraneo Orientale - dai Dardanelli a Corfù - e la Dalmazia, dove avvennero scontri secondari, ma destinati a assumere una importanza rilevante, se non altro perché modificarono profondamente i confini e gli assetti etnici di quella regione. Se infine ci accostiamo all'ambito nazionale, la guerra del 1645-69 generò un fenomeno di grande interesse storico, poiché portò alla mobilitazione di soldati provenienti da tutti gli Stati italiani due secoli prima del Risorgimento.

▲ La massima carica militare veneziana era rappresentata dal *Capitano Generale da Mar*, luogotenente del doge in tutti gli affari riguardanti l'esercito e la marina. Nella storia della Serenissima più volte le due funzioni coincisero con la stessa persona, come accade per breve tempo nel 1645, quando - *primo servitore della Patria* - **Francesco Erizzo** si offrì di prendere il comando delle operazioni. L'incarico interruppe nel gennaio dell'anno seguente per la morte dell'anziano doge.
(Dipinto di Bernardo Strozzi)

The Capitano Generale da Mar was the most important military position in Venice, being the first doge's lieutenant in the navy and in the army. In venetian history sometimes both offices had been held by the same person, as happened for a short time in 1645, when the old doge Francesco Erizzo became military commander, but his activity was interrupted by death in January 1646.

CRETA, ISTANBUL E VENEZIA

Nel sistema commerciale europeo Candia - Creta - costituiva lo scalo ideale fra le navi provenienti dall'Europa settentrionale - cariche di piombo, stagno, metalli e lana - e quelle che dal Levante portavano cera, spezie, uva, sete e, soprattutto, il sale, prodotto sul quale Venezia deteneva da oltre un secolo un vero e proprio monopolio. A Creta stessa sorgevano le maggiori saline del Mediterraneo, la cui produzione era in grado di sostenere l'economia di tutta l'isola, dopo che alla fine del Cinquecento le riforme di Girolamo Foscarini avevano ridotto la dipendenza economica da Venezia e irrobustito il legame politico fra la capitale e l'aristocrazia greco-veneziana che vi risiedeva. Quale ceto maggiorente la nobiltà *creola* vide in breve tempo crescere il suo dominio sulle campagne e sui mezzi di produzione. L'assetto politico ed economico instauratosi sull'isola condizionò fortemente l'atteggiamento del resto della popolazione, mantenuta in stato di soggezione dai potenti latifondisti, compromettendo la fedeltà dei nativi verso la Repubblica. Nonostante questa intrinseca fragilità, Creta rappresentava per Venezia la corona dell' impero coloniale, la dignità regia in grado di conferirle lo stesso Status delle altre potenze europee, l'ultimo grande dominio che le era rimasto nel Mediterraneo orientale dopo la perdita di Cipro nel 1573.

La conquista di Creta era un'opzione che da tempo veniva attentamente considerata dalla Porta ottomana. Con il possesso dell'isola, Istanbul avrebbe non solo consolidato il suo dominio nel Levante, nel quale Creta costituiva un corpo estraneo, ma sarebbe stata in grado di condizionare l'economia dell'Europa meridionale e del Mediterraneo. I risultati conseguiti dal vezir i-âzam - gran visir - Kemankes Kara Mustafa in materia economica stavano restituendo negli anni Quaranta una solida base finanziaria all'impero, ma la prosperità celava molte pericolose insidie. Due partiti si fronteggiavano a Istanbul nel tentativo di controllare l'imbelle sultano Ibrahim I (1640-48): la fazione con a capo il gran visir, orientata all'equilibrio politico interno, da ottenere togliendo potere ai potenti soldati di professione, i giannizzeri; contrapposta a quella rappresentata dai militari con a capo il potente governatore dell'Anatolia Djindji Hodja Hüseyn. Questi riuscì a ottenere il favore della sultana madre Kösem, di fatto l'unico membro della famiglia imperiale dotata di una statura politica di rilievo, e in breve tempo ebbe la meglio sullo schieramento avversario, ottenendo a sigillo del proprio predominio l'eliminazione del gran visir, avvenuta nel gennaio del 1644. Il nuovo scenario imponeva che i militari riottenessero il potere loro sottratto dall'odiato Kemankes, la centralità dell'esercito nella società e, possibilmente, la promessa di una guerra di conquista, con tutte le ricchezze ottenute mediante una facile vittoria. Un nuovo balzo espansivo rappresentava pure un'utile valvola di sfogo per le turbolenze politiche, sempre in agguato nell'instabile panorama ottomano. Tuttavia a corte nessuno aveva pensato contro chi rivolgere le forze. In Ungheria gli Asburgo apparivano più preparati che in passato per resistere a un assalto. Più a est l'animosità e le incursioni delle comunità cosacche non rappresentavano un obbiettivo qualificante e poi era necessario operare su un fronte dove fosse possibile mobilitare anche la marina. La scelta si restringeva a due sole opzioni: Malta oppure le isole greche ancora in possesso di Venezia, e in questo caso Creta costituiva l'obiettivo più ambito. Solo il muftì si espresse contro la decisione di trascinare l'impero in una guerra il cui esito non era - a suo parere - così scontato, ma pagò la sua opposizione con la deposizione e l'arresto.Così, nell'autunno del 1644, la Porta accusò Venezia d'aver consentito lo sbarco a Creta di sudditi Turchi, presi prigionieri dai

► **Ibrahim I (1640-48),** qui raffigurato in un ritratto di fantasia, fu l'imbelle sultano che diede inizio alla guerra contro Venezia e che prima di essere deposto dai giannizzeri portò lo Stato sull'orlo della bancarotta. Fra i tanti aneddoti circolanti sul suo conto, si ricordano le sfrenate passioni per le pellicce di zibellino e per le concubine obese.
(dal Theatrum Europeum, Francoforte sul Meno,1670)

Ibrahim I (1640-48), *here in an imaginary portrait, was the untalented sultan who started the war against Venice. Before being deposed, he caused the bankruptcy of the state financse. Among the many anecdotes about Ibrahim's personality, the contemporary historians related his insane passion for the zibeline furs and fat concubines.*

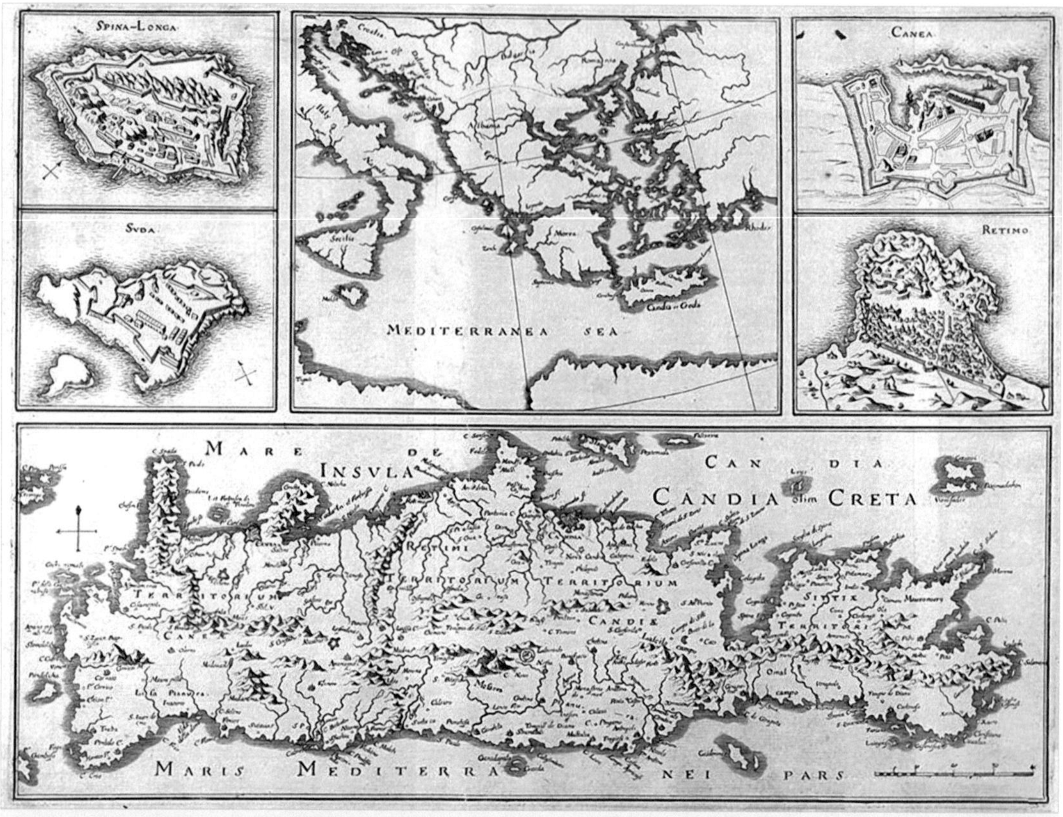

▲ **La piantina di Creta con a sinistra le isole Suda e Spinalonga**, assieme a Grabusa le sole basi rimaste in possesso dei veneziani al termine della guerra. Questi scali fornirono un appoggio considerevole alla strategia della Repubblica e rappresentarono una costante minaccia per gli ottomani. A Suda fra il 1646 e il 1663 i veneziani respinsero per tre volte i tentativi avversari di impadronirsi della fortezza. (Illustrazione dal Theatrum Europeum, Francoforte sul meno,1670)

The map of Crete with the islands of Suda, Spinalonga, with Grabusa*, the only bases remained to the Venetians at the end of the war. These ports represented useful utilities for the venetian strategy and a constant treat for the Ottomans communications. Suda island was attacked three times between 1645 and 1663, but the Venetians repulsed all the assaults.*

► **Mehmet IV, sultano** dal 1648 al 1687, fu insediato sul trono all'età di 11 anni al posto di suo padre Ibrahim I. Rimasto per anni succube dalle donne dello Harem e dai funzionari di corte, Mehmet ebbe l'opportunità di riscattare la sua scialba condotta nel gennaio del 1669, quando respinse l'offerta di armistizio dell'ambasciatore veneto Francesco Alvise Molino.
(incisione di Nicolas Visscher da Jan Peeters, 1683)

The sultan Mehmet IV *reigned from 1648 to 1687. He succeeded to his father Ibrahim when he was only 11 years old. Mehmet remained hostage to its officials and women of the Harem, but redeemed his lacklustre conduct in the January 1669, rejecting the offers for an armistice proposed by the venetian ambassador Francesco Alvise Molino.*

Cavalieri di Malta sulla caravana di Alessandria - il ricco convoglio commerciale che annualmente faceva la spola fra il Bosforo e l'Egitto - nonché di aver permesso che le navi dell'Ordine reduci da quell'azione riparassero in una baia dell'Isola. Giovanni Soranzo, Bailo della Porta ottomana - come era ufficialmente denominato l'ambasciatore veneto a Istanbul – cercò di dimostrare la falsità dell'accusa e pensò d'essere riuscito a sventare la minaccia quando fu informato che la flotta turca sarebbe partita solo per combattere contro i Cavalieri di San Giovanni. Il 30 aprile 1645 la flotta prese il largo, senza effettivamente conoscere se l'obbiettivo fosse Malta oppure Creta. Solo a Navarrino il comandante Mascovich Yussuf pasha ricevette l'ordine di far rotta su Creta.

L'ESERCITO DELLA SUBLIME PORTA OTTOMANA

In quegli anni l'Impero Ottomano era il solo stato europeo a mantenere in costante assetto di guerra un dispositivo militare di grandi proporzioni. Si è calcolato che negli anni fra il 1630 e il 1650 fossero presenti sotto le armi fra i 70.000 e gli 80.000 uomini e pur tenendo conto che almeno un terzo era iscritto nei ruoli a titolo onorifico, il rimanente costituiva comunque una delle maggiori entità militari dell'epoca. Questo corpo di truppe stabili, denominato kapikulu, si amministrava autonomamente e poteva in tempi ragionevolmente brevi partecipare a una campagna di guerra. La principale componente del kapikulu era rappresentata dalla fanteria degli yeni-tcheri e dalla cavalleria dei sipahy. Nel 1660 su un totale di 98.342 salariati di tutto l'apparato di corte, i giannizzeri erano 53.849, di cui 14.379 dislocati nelle diverse guarnigioni dell'impero, mentre il rimanente, composto per circa un terzo da membri onorari - i maggiori dignitari erano di solito membri di una orta dei giannizzeri - si trovava acquartierato a Istanbul. Il salario per queste truppe ammontava annualmente a 133.424.896 akce, pari al 46.6% delle uscite per il personale di corte. Questa proporzione appare ancora più rilevante se consideriamo che dopo il 1648 molte delle spese necessarie a mantenere lo sfarzoso apparato creato dal sultano Ibrahim I erano state cancellate. La cavalleria, rappresentata dal prestigioso corpo dei sipahy ulufely, ammontava alla metà del secolo a 35.000 uomini di cui circa 25.000 in permanente assetto di guerra. Oltre a queste truppe il sultano disponeva di altre centinaia di specialisti, come i topçu - gli artiglieri - e i cebeci - munizionieri e armaioli - nonché di tutto l'apparato logistico per il mantenimento in campagna delle truppe. Inoltre, riunite alle forze immediatamente disponibili, i comandanti ottomani potevano avvalersi di altre truppe raccolte attraverso la mobilitazione dei contingenti dei governatori, dei corpi di confinari e pure di quelli forniti dai tributari e dagli altri Stati soggetti al sultano.

Queste truppe potevano essere mobilitate ricorrendo alla chiamata alle armi degli zeamet e dei timar, secondo quanto stabilito dal governo attraverso la promulgazione degli ösür - le quote di reclute - nelle regioni prossime al teatro di guerra. Gli stessi governatori delle province, ovvero i beglerbeg e i pasha, potevano a loro volta mobilitare altri contingenti che accrescevano ulteriormente il dispositivo di guerra di altre migliaia di combattenti, senza considerare la possibilità di ricorrere alla chiamata generale alle armi di tutta la milizia del serhaddkulu, attraverso la quale si reclutavano i contingenti di scavatori e minatori necessari per gli assedi delle piazzeforti, nonché altri reparti di fanteria e artiglieria da utilizzare come riserva per il kapikulu. Per rendersi conto della forza numerica che l'Impero Ottomano era in grado di mobilitare basta riferirci al maggior esperto dell'epoca, il conte Ferdinando Marsigli, il quale durante gli anni che lavorò come segretario del bailo della Porta, ebbe modo di consultare i registri amministrativi dell'esercito, il cosiddetto kanun-name.

Sulla base delle proprie conoscenze Marsigli stabilì nel 1670 una forza complessiva di 248.440 uomini nell'esercito e altri 50.572 nella marina, pari a una forza bilanciata ascendente a 142.000 soldati e 35.000 marinai e rematori immediatamente disponibili. La strategia di guerra ottomana era sempre stata finalizzata a una rapida e violenta offensiva condotta con il maggior numero di forze possibili, anticipando le mosse avversarie e mantenendo a questo modo l'iniziativa. Pertanto il successo era proporzionale alla capacita di Istanbul di approvvigionare contingenti numerosi per il tempo necessario a portare a termine una campagna. Sotto questo aspetto i turchi vantavano un'organizzazione logistica estremamente efficiente, quando invece nel resto dell'Europa del XVII secolo i rifornimenti costituivano spesso un problema per la

conduzione di una campagna militare. A questo scopo la rete di rifornimenti era affidata alle cure dei defterdar, una sorta di commissari-amministratori dei rifornimenti Ma per quanto abili e provvisti di una estesa rete di magazzini, gli addetti alla logistica dovevano affrontare non pochi problemi per rifornire una grande armata in campagna, specie se comprendeva gli esigenti soldati professionisti del sultano. A titolo esemplificativo, alla metà del XVII secolo, un appartenente al kapikulu riceveva giornalmente per il vitto 320 grammi (100 dirhem) di pane, 160 grammi di galletta o biscotto, 160 grammi di riso, 192 grammi di carne di montone e 80 grammi di burro; un trattamento alimentare di tutto rispetto, in grado di assicurare le 3.000 calorie giornaliere necessarie al sostentamento di un uomo attivo. Tutti i soldati del kapikulu beneficiavano inoltre di speciali tutele contro la speculazione e, nel caso fossero indisponibili alcune forniture, il loro statuto gli riconosceva l'equivalente in denaro. Riferendosi a una fonte ottomana dei primi del '600, lo storico britannico Rhoads Murphy calcola che ogni anno almeno 300.000 ovini venivano condotti dai pascoli della Grecia o dell'Anatolia fino alla mensa delle orta e degli altri corpi militari permanenti. Durante i 21 mesi che l'armata turca trascorse fra la capitale e Baghdad dal marzo 1638 al gennaio 1640 furono macellati 217.279 ovini. Era impensabile poter impiegare efficacemente i soldati del kapikulu senza assicurare loro un trattamento equivalente a quello stabilito dallo statuto; durante i combattimenti a Creta era normale che giannizzeri, cebeci, sipahy e topçu sospendessero i lavori alle trincee o alle batterie in attesa della razione di tea o di acqua, di cui erano costantemente riforniti dai sakka, i portatori.
Uno sforzo logistico di queste proporzioni non poteva per ovvi motivi essere mantenuto a lungo, era perciò necessario che gli obiettivi fossero archiviati nel più breve tempo possibile. Se infatti il dispositivo turco appariva di dimensioni ragguardevoli, era altrettanto vero che questo poteva essere mantenuto ad alti livelli solo per brevi periodi. Non erano soltanto le grandi cifre necessarie per sostenere le truppe a condizionare la durata delle campagne, ma anche il fatto che molti dei combattenti non professionisti prestavano servizio per un tempo limitato; inoltre molti degli ausiliari, quali minatori, scavatori e conduttori, venivano ingaggiati anno per anno e spesso si trattativa di contadini della Grecia, della Bosnia o dell'Armenia, i quali, una volta conclusa la campagna, tornavano alle loro occupazioni ordinarie. Anche se in molte occasioni i comandanti ottomani elargirono premi e aumenti di salario ai soldati, la disponibilità di denaro non fu sempre illimitata, specie durante le gravi crisi finanziarie abbattutesi sull'impero fra il 1653 e il 1656. Per procedere alla conquista di Creta la priorità consisteva nella rapida conquista di una testa di ponte, da ottenere dopo essersi assicurati un porto dove allestire una base logistica per rifornire le truppe destinate ad archiviare l'obiettivo. Istanbul aveva quindi interesse a sbarcare quanti più uomini e materiali nel minor tempo possibile. Per questo era necessario far viaggiare i convogli fra Costantinopoli e Creta senza farli avvistare dal nemico, evitare ogni scontro e rientrare nel Bosforo al più presto. Per riuscirci la Porta disseminò le isole dell'Arcipelago e le coste elleniche di spie e informatori che la tenessero informata e che, all'occasione, diffondessero false notizie sui movimenti delle navi per trarre in inganno i veneziani. I capi dell'esercito si dissero certi di poter conquistare Creta in due o al massimo tre anni, destinando per questa impresa non meno di 65.000 uomini fra combattenti e servizi. Pur fra alti e bassi La Porta riuscì spesso a schierare eserciti potenti e ben riforniti, ma uno dei punti dolenti del suo apparato militare risiedeva nella scarsa preparazione del corpo ufficiali. A parte i molti che erano arrivati a posizioni di comando nel kapikulu grazie al favore di qualche potente, altri - più meritevoli - si trovavano la porta sbarrata ai gradi superiori a causa della malevolenza di qualche ministro, oppure erano stati vittime delle ricorrenti lotte intestine. Sebbene la guerra agisse come acceleratore per enucleare i soggetti peggiori, la situazione interna del corpo ufficiali rimase a lungo critica e con essa la preparazione dei comandanti si mantenne a un livello mediocre. Molti dei beglerbeg e dei pasha erano stati soldati prima di diventare governatori, ma - oltre a beneficiare delle cariche grazie alle dinamiche aberranti del nepotismo e della corruzione – quasi sempre si trattava di capi guerrieri più abili a guidare una scorreria che di moderni ufficiali in grado di condurre corpi compositi, coordinare l'attività dei subalterni, curare la logistica e soprintendere alle tante incombenze richieste da una campagna di guerra. La struttura di comando non facilitava i compiti dei comandanti, poiché questa non seguiva il classico assetto piramidale ma aveva piuttosto un andamento verticale e ciò si traduceva in un numero limitato di ufficiali subordinati. Questo accadeva più spesso nelle formazioni semiregolari, ma anche a livello del kapikulu la struttura di comando fu spesso insufficiente a garantire un'efficiente direzione dei corpi. Ai livelli più bassi la gerarchia rifletteva tutte le negatività che affliggevano lo Stato, col risultato che nei posti chiave venivano a

◄ **Köprülü Mehmet** fu nominato gran visir nel 1656, in un momento di gravissima crisi economica aggravata da minacce esterne e rivolte intestine che disgregavano l'impero. Ricorrendo a misure severissime, per non dire brutali, l'anziano ex giannizzero restituì alla Porta la stabilità politica e permise di riaprire il duello per il possesso di Creta. (Biblioteca Nazionale Centrale di Firenze, gabinetto delle stampe)

Köprülü Mehmet *was appointed as Great Visir in 1656, in the midst of a severe economic crisis, aggravate by internal rebellion and external menaces disaggregating the Empire. He introduced severe and brutal countermeasures to restore the authority and political stability and to continue the struggle for Crete.*

trovarsi ufficiali in rapporto di stretta clientela con i superiori. L'autorità del comandante in capo era inoltre assoluta, mentre gli ufficiali in subordine disponevano di una limitata autonomia decisionale. Nonostante la scelta di strategie semplici e di facile attuazione, ogni volta che le operazioni prendevano un indirizzo più complesso l'impeto offensivo si affievoliva e tutto il dispositivo si esponeva al rischio della paralisi. Fu questo il motivo per cui in Dalmazia, piccoli corpi di truppe veneziane condotti con criteri aggiornati, misero spesso in crisi le formazioni dei pasha locali. Nel settembre del 1645 gli ottomani raccolsero in Bosnia 20-25.000 uomini per un attacco contro i territori della Repubblica, ma i due comandanti locali, Ibrahim Pasha beglerbeg della Bosnia e Haly Beg sançakbeg della Lika, agirono ognuno per conto proprio evitando, per reciproca diffidenza, di collaborare e mettere a punto un piano di operazioni comune. Mentre in Bosnia la prudenza di Ibrahim Pasha generò addirittura sospetti di intelligenza con i veneziani, dalla Lika partirono alcune scorrerie guidate dallo stesso Haly Beg, nemico implacabile del nome Christiano, con il proprio figlio Durac come luogotenente; ma a parte la distruzione di qualche fortilizio di legno, furti di bestiame e incendi di raccolti, non fu conseguito alcun risultato strategico importante e fu solo perché i veneziani - temendo un'incursione in Friuli - non inviarono rinforzi che i turchi ebbero agio di operare indisturbati.
Prima della fine dell'anno giunse a Skopje un rinforzo di 3.000 giannizzeri e sipahy per sostenere le milizie locali, assieme a un nuovo comandante, Tekeli Mustafa quale nuovo beglerbeg di Bosnia. L'offensiva turca si concretizzò nella conquista di Novigradi (Novigrad) ai primi di luglio del 1646 ma, dopo quel modesto successo, prima della fine dell'anno tutte le conquiste fino allora ottenute tornarono in possesso degli avversari. I veneziani sconfissero più volte i capi ottomani avvalendosi delle loro fortificazioni, del supporto strategico della flotta e della conformazione del territorio, poco adatto alla cavalleria, cioè al principale strumento di guerra dei turchi su quel teatro. Per Istanbul le cose peggiorarono l'anno seguente per effetto della fuga della popolazione bosniaca, terrorizzata dalla crudeltà dei morlacchi al soldo di Venezia e dalla repentina caduta delle fortezze che difendevano la regione. Nel 1647 si arresero Zemonico e Dernis, mentre un tentativo congiunto di Haly Beg e del beglerbeg contro Sebenico si risolse con un grave insuccesso. Nel 1648 la caduta di Clissa, considerata la porta della Bosnia, fu pagata da Tekeli Mustafà con la destituzione. Ma se i rovesci subiti dai capi ottomani su un fronte secondario potevano considerarsi strategicamente ininfluenti, nei primi anni di guerra neanche la condotta delle operazioni a Creta fu coronata da successi decisivi.
L'assalto all'isola fu diretto dal serdar Mascovich Yussuf, considerato uomo di grande talento come politico ma completamente privo di preparazione militare. La sua storia è per certi versi emblematica e rappresenta molto bene quanto fossero repentine, ma anche fragili, le carriere militari nell'esercito ottomano. Yussuf Pasha, conosciuto anche con l'appellativo di Silihtar – scudiero - era arrivato a quel comando dopo aver risalito la gerarchia del serraglio, nel quale era entrato giovanissimo come giardiniere.

Per la sua intelligenza e per la gentilezza dei modi il sultano Ibrahim I lo scelse come consigliere fidato, gli dette in sposa una figlia e alla vigilia della guerra contro Venezia lo nominò kapudan pasha, cioè ammiraglio generale. Sotto molti punti di vista il silihtar non fu peggiore della media dei funzionari di corte e nonostante la sua impreparazione militare fu in grado di portare l'armata fino a Creta, sbarcare sull'isola e dare corso con inconsueta rapidità all'assedio della Canea. La città si arrese dopo 54 giorni di assedio, ma al costo di quasi 8.000 uomini fra morti e feriti, e nonostante la riconoscenza iniziale del sultano, che celebrò la sua impresa ordinando tre giorni e tre notti di festeggiamenti e luminarie nella capitale, il prezzo di vite fu ritenuto troppo elevato. A corte gli avversari insinuarono questo e altro sul conto di Yussuf, fino ad alienargli il favore del sultano, che ne ordinò l'esecuzione nel gennaio del 1646. Il comando delle operazioni passò a Sultanazde Mehmet, destituito poche settimane prima dalla carica di gran visir e spedito a Creta per emendarsi dagli errori commessi. Ma egli, temendo di fare la stessa fine del predecessore, si finse ammalato, finché non venne sostituito dal beglerbeg di Buda Deli Hüseyn. Ironia della sorte: Sultanazde Mehmet morì di febbri maligne nel luglio del 1646. Fu sotto la guida del nuovo comandante che le operazioni a Creta ripresero vigore con l'assalto a Retimo (Rethymno) e l'anno dopo con la conquista del resto dell'isola, ad esclusione di Candia. In precedenza Hüseyn aveva rivestito l'incarico di governatore di Silistra, in Bulgaria, dopo che nel 1642 aveva portato a termine la conquista di Azov contro i russi e i cosacchi. Fu durante quella campagna che Hüseyn si guadagnò l'appellativo di Deli - folle, ma nel suo caso temerario - con il quale divenne noto anche a Creta, dimostrando grande coraggio esponendosi più volte in prima persona ai pericoli dell'assedio; nel luglio del 1648, mentre guidava un assalto rimase ferito da una moschettata al volto, ma continuò a dirigere le operazioni tamponando la ferita con la fascia della veste e incitando gli uomini col suo esempio. Hüseyn scongiurò il fallimento della campagna sull'isola nei cruciali anni dal 1650 al 1658, quando Creta rimase a lungo isolata dal blocco navale avversario, fronteggiando una rivolta delle truppe senza paga e riuscendo a conservare il controllo sul territorio, nonostante i molteplici problemi che affliggevano i suoi soldati. Per mantenere costante la minaccia su Candia, nel 1650 il serasker fece realizzare a poca distanza dalla città un campo fortificato, che prese il nome di Yeni Kandie (nuova Candia), allo scopo di fornire quartieri e ricovero alle truppe in ogni momento e per meglio contrastare le sortite dei difensori. Nella primavera del 1658 Hüseyn fu insediato a capo della flotta, ma prima della fine dell'anno pagò con la vita la sua opposizione al nuovo gran visir Köprülü Mehmet; in suo ricordo furono composti canti popolari e composizioni poetiche che lo mantennero per secoli vivo nella memoria dei suoi compatrioti.

◄ **Hassan Aga, pashà di Aleppo**, fu uno dei principali istigatori delle rivolte scoppiate in Siria e in Anatolia contro Köprülü Mehmed. Come tutte le immagini raffiguranti personaggi ottomani il ritratto è di fantasia, tuttavia molti particolari sono rappresentati con cura, come il turbante con i due piumetti, distintivo dei pashà e dei beglerbeg.
(Illustrazione dal Theatrum Europeum, Francoforte sul Meno,1670)

As other contemporary portraits, this also is imaginary, but many details are represented accurately, as the turban with two feathers, distinctive for Pasha and Beglerbeg.

► Una veduta aerea del territorio fra Clissa e Spalato in Dalmazia, teatro delle operazioni di guerra fra il 1646 e il 1649. In quella regione i veneziani reclutavano i reparti di schiavoni, rimasti al servizio della Serenissima fino alla caduta della Repubblica nel 1796.
(Illustrazione dal Theatrum Europeum, Francoforte sul meno,1670)

Aerial view of the territory from Clissa to Spalato in Dalmatia, main war theatre between 1646 an 1649. In these regions Venice recruited the Schiavoni soldiers, remained in service until the end of the Republic in 1796.

L'ESERCITO DELLA SERENISSIMA REPUBBLICA DI SAN MARCO

Ricorrendo alla mobilitazione di tutte le forze disseminate nei suoi possedimenti, Venezia poteva invece schierare nello stesso periodo un numero di soldati assai inferiore a quello dei loro avversari, peraltro adibiti alla difesa passiva e alla sorveglianza interna, come è chiaramente ravvisabile dalla loro ripartizione nelle piazze fortificate della *Terraferma* e d'oltremare. Dal tempo della guerra contro l'Austria, l'esercito della Serenissima era passato da circa 26.000 uomini ai 24.000 di tutte le specialità impiegati per contrastare i moti della Valtellina nel 1625-27, fino ai 6.900 *provvisionati* - ovvero stipendiati - inviati in Emilia durante la guerra contro lo Stato Ecclesiastico, a fronte di una mobilitazione che alla fine del conflitto ascese a oltre 20.000 uomini. In tempo di pace l'esercito permanente schierava non più di 9.000 regolari, di cui 2.200 fanti nella Terraferma ripartiti nelle 15 maggiori piazze e fortezze dello stato, e altri 6.800 in Dalmazia, Corfù, Zante, Cefalonia, Creta e Cerigo. La cavalleria era rappresentata dalle *Corazze*, il cui numero ascendeva verso la fine degli anni Trenta a circa 15 compagnie pari a 600 uomini, e dalla cavalleria leggera - i *Cappelletti* - che nello stesso periodo schierava 20 compagnie per 1.600 uomini in tutto. Verso il 1640 si formarono reparti di dragoni, prendendo a modello le formazioni di fanteria a cavallo schierate dai loro avversari arciducali nella guerra di Gradisca. Il dispositivo bellico permanente della Repubblica si completava infine con 200 fra artiglieri, bombardieri, ingegneri e altri specialisti. A questo nucleo di soldati e ufficiali sotto contratto il governo associava in caso di necessità truppe straniere noleggiate e infine ricorreva alla mobilitazione delle milizie - le *Ordinanze* o *Cernide* – con un livello di efficienza fisiologicamente disomogeneo. Queste però potevano accrescere l'armata di migliaia di uomini e infatti nel 1645 la

milizia delle ordinanze assommava sulla carta a 20.000 uomini sulla terraferma e ad altri 18.000 nell'arcipelago e in Dalmazia. All'inizio del XVII secolo aveva preso definitiva forma la divisione delle truppe secondo la loro nazionalità, come è già ravvisabile nella cavalleria, dove i cappelletti erano in maggioranza slavi e albanesi *cimeriotti*. La fanteria era divisa in tre grandi categorie: gli *italiani*, ovvero i sudditi della terraferma o quelli arruolati in altri Stati della Penisola; gli *oltramontani*, tedeschi, svizzeri e olandesi, ai quali si aggiunsero come categoria a parte i francesi; gli *oltremarini*, cioè i sudditi residenti sulla costa orientale dell'Adriatico e in Grecia. Questi ultimi compaiono a volte nelle fonti come *nazionali*, mentre italiani e oltramontani, quando non si trattava di contingenti noleggiati o ausiliari, si qualificano nelle fonti come truppe *particolari*, *provvisionate* o anche *marcoline*.

Ein Venetischer Edelman.

Alla vigilia della guerra di Candia l'esercito della repubblica di Venezia aveva aggiornato ben poco della struttura e degli ordinamenti messi a punto nei primi anni del XVII secolo e nonostante avesse sostenuto una guerra contro gli Asburgo nel 1615-17 e un'altra contro il papa nel 1641-44, si trovava ancora in una fase di transizione fra il modello tardo rinascimentale e l'assetto caratteristico assunto alla fine del XVII secolo. Pur non mostrando alcuna tendenza a seguire una politica militare in senso moderno, Venezia disponeva di una forza armata ragguardevole poichè inoltre sul mare poteva schierare una flotta che aveva pochi rivali nel Mediterraneo. Tutto ciò rendeva decisamente asimmetrica la potenza della Repubblica, che secondo molti osservatori appariva troppo sbilanciata a scapito delle forze di terra, peraltro condotte e formate in gran parte da stranieri. Scipione Pannocchieschi, nunzio pontificio a Venezia fra il 1647 e il 1652, provò a dare una spiegazione a questo fenomeno: "Li suoi eserciti (di terra) sono regolarmente composti di gente italiana non suddita, germana e stradiotta e li capitani pure forestieri. Et questo (Venezia) lo fa per non agguerrire la plebe, naturalmente poco amica sempre dei nobili; et di questi non se ne serve al commando, perché vuole assicurarsi dalla tirannide, temendo sempre più lo stato de gl'otimati de propri figli che delli stranieri." Altri, più malevoli, attribuivano questa tendenza alla scarsa attitudine degli *avidi mercanti della laguna* al mestiere delle armi, ma in realtà la presenza di veneti nell'esercito non fu così minoritaria come sostengono certe fonti e anche se gli ufficiali superiori e molti dei subalterni erano mercenari stranieri, quelli provenienti dai centri della Terraferma, dalle colonie o da Venezia stessa costituivano una compagine altrettanto numerosa.

La gerarchia militare della Serenissima poneva al vertice il *Capitano Generale da Mar*, che pur essendo di fatto il capo della flotta – che a Venezia si identificava col termine *Armata* – assumeva la direzione strategica di tutte le operazioni condotte sui teatri di guerra oltremare, comprese quelle che coinvolgevano le truppe di terra. Al pari delle altre cariche direttive, anche il capitano generale era nominato dal Senato e come tutti i capi militari sottostava alla massima dignità dello stato, ovvero al Doge. Il Senato esercitava il controllo tanto sull'esercito che sulla flotta attraverso i *Provveditori*, personaggi caratteristici dell'ordinamento statale veneziano, nel quale i rapporti fra società civile e *Militare* erano regolati da peculiarità espressioni delle antiche istituzioni repubblicane. Tutte le cariche direttive, civili o militari, erano assegnate dal governo con un mandato limitato, in genere rinnovabile con una successiva elezione da eseguirsi ogni anno. I provveditori delle province rivestivano il duplice ruolo di governatore civile e capo di stato maggiore; su di loro ricadevano le responsabilità complessive delle operazioni militari e, secondo uno schema classico di quel tempo, rappresentavano l'anticamera alla carica di capitano generale o perfino all'elezione sul trono dogale, come stava per accadere nel 1656 a Lunardo Foscolo. Proprio questo personaggio rivestì un ruolo di grande importanza quando, a partire

◀ **Tutte le più importanti cariche della Repubblica erano ad appannaggio dell'aristocrazia**, che esercitava il potere attraverso il Senato e gli altri organi direttivi. Per finanziare le spese di guerra si istituì una contribuzione straordinaria di 100.000 ducati che permetteva a chiunque di ottenere lo status di aristocratico; prima della fine del conflitto 80 nuove famiglie entrarono a questo modo nel Libro d'Oro della nobiltà (Incisione di Caspar Luyken dalla Welt Galeria, Norimberga, 1700)

All the mayor charges in the Republic of San Marco were held by the aristocracy, who ruled through the Senato and others supreme offices. To raised fund for the war, the Senato introduced extraordinary tax, which gave the status of nobility with the payment of 100.000 ducati. Before the end of the war, 80 families were registered in this way in the golden book of the nobility.

▼ **Il conte Achilles de Romorantin** entrò al servizio di Venezia nel 1646 come colonnello di un reggimento di fanteria da lui stesso reclutato in Francia. La fluida situazione politica nell'Europa di quegli anni garantiva grande autonomia ai colonnelli-impresari nella messa punto di veri e propri contingenti privati. (Archivio degli autori)

***The count Achilles de Romorantin** entered in venetian service in 1646 as a colonel of a regiment by himself recruited in France. The European political situation in those years guaranteed greater autonomy to colonel in making managers of private contingents.*

dal 1646, diresse le operazioni di guerra in Dalmazia, ottenendo una serie di straordinari successi con la conquista di luoghi importanti come Zemonico (Zemunik Donji)e Clissa (Klis) per un totale di 40 fra fortezze e villaggi in territorio ottomano. Nel corso del conflitto sia il grado di capitano generale che gli incarichi di provveditore generale passarono più volte di mano, ma vennero sempre assegnati a sudditi veneti membri delle famiglie più importanti. Un tipico centro di comando di una piazza veneziana all'inizio della guerra era formato da funzionari governativi, da militari e tecnici: nel 1645 a Creta, la carica di provveditore generale del Regno apparteneva ad Andrea Corner, durante l'assedio a La Canea (Chania), si trovavano nella città il provveditore straordinario Antonio Navagero con in sottordine il *Governatore delle Armi* conte Giovanni Domenico Albano, il *Sergente Maggiore della Piazza* Niccolò Fossa e il comandante di cavalleria Francesco Vizzamano, oltre agli *Ingegneri* Agostino e Carlo Alberti, Jan De Wert, Cristoforo Mollwitz e Pietro Leoni.

Il senato affidava le sue forze di terra a un comandante professionista insignito del grado di *Governatore Generale delle Armi*, ingaggiato ordinariamente fra i militari stranieri, come dimostrato dalla lunga serie di capitani attivi nella prima metà del XVII secolo quali i principi italiani Giovanni de' Medici e Luigi d'Este, o veterani sperimentati come il corso Pompeo Giustiniani. Le funzioni di questi comandanti erano regolate da un contratto che stabiliva lo stipendio, la durata dell'ingaggio, l'autorità sulle milizie e altre clausole, come l'obbligo di risiedere nel territorio della Repubblica per tutta la durata del servizio. L'operato di questi comandanti generava di frequente tensioni con i provveditori, i quali tendevano a estendere il loro controllo su ogni attività nel territorio da loro amministrato, mentre i militari mal si adattavano ad agire in condizione di subordinati. Durante la guerra di Candia il governo ricorse saltuariamente alla nomina un governatore generale delle armi, cercando sempre di valutare l'opportunità politica delle scelte. Nel 1645 il senato conferì l'incarico a don Camillo Gonzaga dei principi di Bozzolo, militare di professione che si era formato al servizio della Francia; nel 1653 fu invece scelto il principe Orazio Farnese di Parma, già comandante di cavalleria nell'esercito spagnolo, mentre nel 1660 la nomina era andata a un altro esponente del partito francese, il principe Almerigo d'Este, giovanissimo

Tab.A) Reggimenti di fanteria oltramontana e francese (Fonti: Brusoni; Valiero; Nani; Sansovino; Bigge; Tessin.):				
Anno:	*Nome (colonnello):*	Nazionalità:	Campagne:	Scioglimento:
1643	***Coppet***	svizzero	Istria	1647
1644	***Furstenau, dal 1648 Sorgo***	alemanno	Istria e Dalmazia	1649
1645	***Solms, dal 1646 Antonini***	alemanno	Dalmazia	1648?
1645	***Prinz Philipp von Böhmen***	alemanno	Creta?	1646?
1645	***Valletta***	svizzero	Creta	1646?
1645	***Burlamacchi***	svizzero?	Terraferma?	1645
1645	***Beaucastel***	francese?	Creta?	1645
1646	***Holzhab***	grigione?	Dalmazia	1648?
1647	***Longueval***	vallone	Creta?	1647
1648	***Wertmüller***	svizzero	Terraferma e Dalmazia	1650
1648	***Remorantin***	francese	Creta, difesa di Candia	1649
1649	***Salis***	svizzero	Creta, difesa di Candia	1649
1651	***Degenfeld, dal 1653 Herberstein***	alemanno	Dalmazia e Creta	1662
1651	***Aspremont, dal 1658 Weiss***	svizzero	Dalmazia	1660
1653	***Büller, dal 1654 Glau***	grigione	Dalmazia	1657
1653	***Keller***	svizzero	Creta	1655
1654	***Hanenyus***	alemanno?	Dalmazia	1654?
1654	***Dansse, dal 1661 Locher?***	svizzero	Creta	1665?
1655	***Chevalier de Rosis***	francese	Arcipelago, Tenedo e Lemnos	1658?
1655	***Labauda***	francese	Arcipelago, Tenedo e Lemnos	1658?
1660	***Gremonville***	francese	Creta	1661?
1660	***De Bas***	francese	Creta	1661?
1660	***Spaar***	alemanno	Creta	1663?
1660	***Stalmocher***	alemanno	Creta	1663?
1661	***Falkner***	svizzero	Creta?	1661?
1662	***Faret***	svizzero	Creta?	1662?
1664	***Doglione, dal 1665 Venturini***	alemanno	Creta	1666
1666	***Friesheim***	alemanno	Creta, difesa di Candia	1667
1666	***Wertmüller***	svizzero	Creta, difesa di Candia	1668?
1667	***Degenfeld***	alemanno	Creta, difesa di Candia	1669

fratello del duca di Modena, lo stesso che nel settembre di quell'anno guidò la sfortunata spedizione a Creta; due anni dopo fu il principe palatino Philipp von Pflaz-Sulzbach, già capitano al servizio del re di Svezia, a ricoprire per breve tempo quell'incarico. Oltre a questi ufficiali il governo poteva insediare un numero variabile di altri capitani, denominati a seconda dei casi *Governatore delle Armi*, *Sergente Generale* oppure *Generale dello Sbarco*, responsabili di comandi regionali o in subordine ai comandanti in capo. Anche in questo caso molti di questi incarichi toccavano a degli stranieri e questa tendenza non mutò neanche in seguito con ufficiali come il toscano Alessandro del Borro, l'italiano d'Austria Rodolfo Colloredo, il fiammingo Gilles De Haes o il francese Alexandre de Saint'Andrè-Montbrun, solo per citarne alcuni. La decisione della Serenissima di affidarsi ai mercenari era un prezzo calcolato per garantire la stabilità politica, evitando la formazione di una classe di militari professionisti che avrebbe modificato gli equilibri interni dello Stato. Differire da questa regola significava mettere in discussione l'ordine politico e sociale dello Stato, inoltre le nomine a incarichi militari di prestigio erano utili a gestire la rete di relazioni diplomatiche alle quali Venezia attribuiva grande importanza. Esemplare in questo contesto fu nel 1647 l'assunzione col grado di luogotenente generale del marchese Jacques de Gremonville, fratello dell'ambasciatore francese presso la Serenissima. Venezia fu comunque in grado di assicurarsi il servizio di buoni ufficiali, capaci di ottenere risultati considerevoli nonostante le strategie inconcludenti imposte dal comando supremo e l'incostante sforzo del governo per la conduzione della guerra. I capitani mercenari provenivano da tutte le regioni italiane - in maggioranza marchigiani, abruzzesi, umbri e romagnoli – mentre altri erano originari della Corsica e altri ancora dei ducati emiliani di Parma e Modena. Secondo le stime avanzate da alcune enciclopedie biografiche degli anni '30 del Novecento - citate col beneficio del dubbio da Gregory Hanlon nel suo *The Twilight of a Military Tradition* - nell'esercito veneziano avrebbero militato fra il 1600 e il 1670 almeno 600 ufficiali italiani *stranieri*; assieme alle 'nazionalità' già citate si troverebbero rilevanti aliquote di toscani, pugliesi, romani e perfino di ufficiali provenienti da Stati storicamente privi di legami con la Repubblica, come il Milanese e Genova. L'unità tattico-amministrativa di base dell'esercito veneto era rappresentata dalla compagnia, tanto a piedi che a cavallo, posta agli ordini di un capitano o di un luogotenente, quando questa veniva associata ad altre per formare corpi più grandi, ovvero i reggimenti, composti normalmente da cinque a dieci o più compagnie. Il numero di uomini poteva variare anche di molte decine di uomini fra un'unità e l'altra; soltanto nel 1662 il Senato stabilì che un reggimento di fanteria italiana doveva essere formato da 8 compagnie di 84 fanti con 6 caporali, 4 musicanti, 1 furiere, 1 scrivano, 1 sergente, 1 alfiere, 1 luogotenente e 1 capitano. Nel 1648 le compagnie di *cavalleria grossa* erano composte da 40 soldati e ufficiali, mentre quelle dei cappelletti ascendevano a 50 uomini. Come del resto in altri eserciti della metà del Seicento, anche in quello veneto il termine *reggimento* era un concetto ancora aleatorio e rappresentava un insieme non sempre definito di compagnie riunite per esigenze tattiche - specie in previsione di una campagna - e poi disciolto quando gli uomini venivano ripartiti nei presidi o sulle unità della flotta. Questo aspetto riguardò ancora per molto tempo gli *italiani* e gli *ultramarini*, mentre al contrario i contingenti noleggiati all'estero si presentavano già strutturati in reggimenti veri e propri. Uno stato della fanteria veneta in Terraferma nel febbraio 1641, trascritto dal provveditore generale Andrea Cornaro nella sua relazione, distinguendo fra compagnie italiane *sciolte* e altre irreggimentate, dimostra implicitamente la persistenza di una duplice forma di organizzazione dei corpi. Nel 1645 una parte delle compagnie oltremontane di stanza nel territorio italiano risultava autonoma, il che indica la persistenza di queste dinamiche anche fra i contingenti stranieri; invece poco dopo - nel 1646 - le milizie di Zara, Spalato e Sebenico furono riunite in quattro *reggimenti* agli ordini del *Provveditore de' Cavalli* Vendramino Francesco Georgio. Verso la fine del XVI secolo il governo aveva stabilito che la forza di fanteria permanente nei presidi della Terraferma sarebbe stata costituita

Tab. B) Reggimenti e *battaglioni* di fanteria italiana e corsa (Fonti: Brusoni; Valiero; Nani; Sansovino; Bigge; Tessin.):

Anno:	Nome (colonnello):	Nazionalità:	Campagne:	Scioglimento:
1646	***Ornano***	corso	Creta	1646?
1646	***Bretton***	italiano	Dalmazia	1658?
1646	***Scotto***	italiano	Dalmazia	1653?
1647	***Grassi***	italiano	Creta	1647?
1647	***Sottovia***	italiano	Dalmazia	1649
1647	***Freccia***	italiano	Dalmazia	1648
1647	***Prestatori***	italiano	Dalmazia	1648?
1647	***Prete***	italiano	Dalmazia e Creta	1660?
1647	***Pellizzari***	italiano	Dalmazia	1650?
1647	***Cavaliere della Teloniera***	italiano	Dalmazia	1648?
1647	***Pallavicini***	italiano	Dalmazia e Creta	1649?
1648	***Peri***	corso	Dalmazia, arcipelago e Creta	1668
1652	***Farnese***	italiano	Arcipelago e Creta	1657?
1662	***Bacigalupo***	corso?	Arcipelago?	1662?
1665	***Villanova***	italiano	Arcipelago e Creta	1667?
1666	***Pietro Antonio Furietti***	italiano	Arcipelago e Creta	1668?
1666	***Michiel'Angelo Furietti***	italiano	Arcipelago e Creta	1668?
1666	***Maron***	italiano	Creta, difesa di Candia	1669
1666	***Cremaschi***	italiano	Creta, difesa di Candia	1667?
1667	***Marini***	italiano	Creta, difesa di Candia	1668?
1667	***Imberti***	italiano	Creta, difesa di Candia	1668
1667	***Restori***	italiano	Creta, difesa di Candia	1668
1667	***Frigerio***	italiano	Creta, difesa di Candia	1668
1667	***Zanetti***	italiano	Creta, difesa di Candia	1667
1668	Aldrovandi de Marè	italiano	Creta, difesa di Candia	1669

da soli 2.000 uomini al comando di quattro colonnelli-maggiori, otto colonnelli, dodici governatori e quaranta capitani, titolari di contratti a lungo termine per un ulteriore arruolamento, in caso di necessità, di altri 6.000 fanti italiani *pagati*. La consuetudine di arruolare interi reggimenti all'estero esisteva già da tempo. Nel 1616 venne accordata al conte Giovanni Ernesto di Nassau la leva per un reggimento di 3.000 olandesi, comprendente anche 600 inglesi comandati dal suo luogotenente sir John de Vere; un anno dopo, ancora dai Paesi Bassi, giunse il colonnello Vassenhoven con altri 1.000 fanti; quindi nel 1625 i veneziani inviarono in Valtellina il duca di Candalle, *da poco condotto agli stipendi della Repubblica* con il suo reggimento francese di 1.500 uomini. Le necessità della guerra portarono alla standardizzazione dei contingenti e già verso la fine degli anni Cinquanta il reggimento iniziava ad assumere il significato moderno che conosciamo. Anche in questo caso, però, le differenze fra un'unità e l'altra potevano essere molto grandi e presentare organici differenti fra loro. Nel 1647, ad esempio, quando il conte Achilles de Remorantin firmò con la Serenissima la capitolazione per un reggimento di fanteria da inviare a Creta; l'organico complessivo ascendeva a 20 compagnie, pari - secondo il *Mercurio* del 1667 - a 4.000 uomini in tutto; un anno dopo i cantoni di Zurigo e Berna accordarono la leva di un reggimento di 2.000 uomini, composto di dieci compagnie di 200 fanti ciascuna e diviso in due battaglioni. Ciò che determinava questi assetti erano la contingenza del momento e la domanda statale, ma un fattore decisivo risiedeva anche nella capacità imprenditoriale dei titolari delle capitolazioni. La formazione di un reggimento costituiva un'impresa commerciale a tutti gli effetti e in quegli anni erano molti i colonnelli che agivano da veri e propri impresari specializzati nell'allestimento di contingenti. La fama del capitano, specie quando si trattava di ufficiali con alle spalle un buon numero di campagne in Fiandra, in Germania o in Ungheria, condizionava la capitolazione dei reggimenti in quanto a numero di uomini e naturalmente l'ammontare dell'ingaggio. Per questo molti dei colonnelli al servizio di Venezia potevano considerasi dei veterani rispetto ai loro colleghi veneti, ritrovandosi così in una condizione di privilegio che in diversi casi provocò il deterioramento dei rapporti interni. Per quanto riguarda la composizione dei reparti, Venezia si dimostrò sempre attenta ad aggiornare le truppe in materia di armamento e di disciplina tattica, tanto che sia nella fanteria regolare italiana e oltramontana che nella milizia il rapporto fra armi da fuoco e armi bianche risultava mediamente più alto perfino di quello dell'esercito svedese, arrivando a schierare un 33% di picche contro il 66% di moschetti e archibugi. Questo rapporto, certamente elevato ma del tutto in sintonia con l'impostazione difensiva della Repubblica, non subì modifiche di rilievo nel corso del conflitto. Del resto l'utilità delle picche non venne mai messa in discussione e verso la fine della guerra la fanteria veneta schierava ancora picchieri nella stessa proporzione di venti anni prima. Anche dentro Candia i picchieri costituirono la riserva tattica per contrastare i temuti assalti all'arma bianca degli ottomani o per sostenere le sortite. L'impiego di mezze picche, spuntoni da breccia, brandistocchi e corsesche – prodotti in gran numero proprio in quegli anni e sempre menzionati negli arsenali veneti - testimonia la persistente utilità delle armi bianche sui bastioni di Candia. La proporzione fra picche e moschetti fu ribadita dalle disposizioni emanate dal governo e riguardava tutta la fanteria ad esclusione degli ultramarini, sebbene per motivi di bilancio c'è da immaginare che la milizia disponesse di un armamento più eterogeneo. Alla vigilia della guerra i veneziani disponevano a Creta di 4.000 soldati ripartiti nei presidi maggiori di Candia (Heraklio), La Canea (Chania), Retimo (Rethymno), nonché nelle fortezze erette nelle isole di Suda, Grabusa (Gramvousa), San Todero (Agyos Theodoros) e Spinalonga. In tutto il Regno di Candia si potevano affiancare in breve tempo altri 8-10.000 miliziani, tratti da una popolazione complessiva che in quegli anni si stima a 220.000 abitanti. Benché già alla fine del XVI secolo i provveditori inviati da Venezia avessero messo in luce i difetti e l'inefficienza della milizia locale, si riteneva che potendo contare su almeno 78.000 uomini atti alle armi, l'isola era in grado di difendersi con le sue forze. Il livello di preparazione delle cernide non era ovviamente paragonabile a quello dei soldati di professione e tuttavia il loro mantenimento comportava ugualmente una spesa considerevole. Per restituire efficienza alla milizie sarebbero state necessarie un'accurata direzione e un addestramento sistematico, cosa che alla vigilia della guerra si provò a potenziare, ma di fatto avvenne troppo tardi per produrre benefici apprezzabili.

A mantenere in stato di criticità il rapporto fra popolazione e governo, contribuì il fatto che la milizia rimase sotto la direzione degli aristocratici *creoli,* che arrogandosi diritti di tipo feudale privilegiavano il servizio in cavalleria e detenevano tutte i posti di comando, relegando la popolazione delle campagne nella fanteria e alle funzioni di subordinati, cosa che rese refrattari molti greci al servizio nelle cernide.

CAMPO DI MARTE DELL'EUROPA

Fu il *Generale degli Oltremontani* Friedrich von Spaar a scrivere nel 1668 che: "...tutti i buoni soldati dovrebbero recarsi a Candia per raffinarsi nell'arte della guerra" esaltando la grandezza della difesa opposta dalla Repubblica nei confronti di un esercito potente e agguerrito come quello ottomano. L'impressione che le descrizioni e i resoconti degli scontri suscitarono sui contemporanei portarono alla rinascita delle virtù cavalleresche e dello spirito di crociata. Da questo clima si sviluppò una mitografia barocca dell'esaltazione della fede cristiana trasfigurata in senso eroico, destinata a irradiarsi in tutta Europa fino agli anni della guerra della Lega Santa del 1683-99. L'evento bellico provocò una modifica profonda nelle forme della comunicazione: trattati; romanzi; opere pittoriche, cominciarono a uscire dal ristretto ambito delle corti per inserirsi in un ambito più vasto di popoli, fino a formare una sorta di opinione pubblica e a propagare il desiderio di prendere parte alla lotta. Per questo la difesa di Candia attrasse uno stuolo di volontari che accorse a Creta per mettersi al servizio della Serenissima, spinto dall'esaltazione eroica, ma anche dalla possibilità di acquisire esperienze di guerra che, una volta tornati in patria, avrebbero costituito un merito per ottenere un incarico militare di prestigio. La partecipazione al conflitto di un gran numero soldati giunti da ogni parte di Europa portò alla diffusione di un'ampia varietà di discipline e tattiche di combattimento, nonché all'introduzione di ordinamenti militari più aggiornati: tutti elementi e novità tali da costituire un patrimonio di competenze considerevole. La mobilitazione fu talmente vasta da portare sui bastioni di Candia nazionalità che mai più sarebbero state coinvolte in azioni su quel teatro di guerra; a parte greci, slavi, italiani, francesi e tedeschi, per Venezia combatterono inglesi, irlandesi, olandesi, e perfino danesi. Dall'altra parte dello schieramento si formò una koinè di nazionalità altrettanto varia: turchi; armeni; egiziani; siriani; circassi; curdi; bosniaci; bulgari, senza dimenticare il caso degli albanesi, che assieme ai greci e agli slavi meridionali combatterono in entrambi gli schieramenti.

IL MANTENIMENTO DELLE MACCHINE DA GUERRA

Con straordinaria efficacia lo storico ed economista Carlo Maria Cipolla ha definito la guerra una 'economia negativa' nella quale i soldati rappresentano la forza lavoro, mentre gli armamenti costituiscono il capitale. La lotta fra Venezia e La Porta per il possesso di Creta si declina perfettamente in questa rappresentazione, poiché fu un conflitto che coinvolse tutto l'apparato da guerra dei due contendenti

Tab. C: Reggimenti di fanteria *ausiliaria* (Fonti: Brusoni; Valiero; Nani; Sansovino; Bigge; Tessin.):

Anno	*Nome (colonnello):*	Nazionalità:	Campagne:	licenziato:
1648	***Mirogli***	pontificio	Dalmazia	1651
1652	***Sgamba***	pontificio	Dalmazia	1652?
1653	***Facchinetti***	pontificio	Dalmazia	1654?
1654	***Corsi***	pontificio	Arcipelago	1657
1660	***Masino***	savoiardo	Creta	1660?
1660	***Masserac, dal 1662 Arborio***	savoiardo	Dalmazia, arcipelago e Creta	1669
1660	***Aiassa, dal 1665 La Cerverie***	savoiardo	Dalmazia e Creta	1669
1665	***Mattei***	pontificio	Dalmazia e Creta	1668
1667	***Pistolozzi***	toscano	Dalmazia e Creta, difesa di Candia	1669
1668	***Mirandola***	misto*	Creta, Difesa di Candia	1669

* formato dal papa col concorso dei duchi di Modena, Parma e Mantova.

Nota per le tabelle A, B e C: queste liste sono incomplete poiché, in assenza di un'analisi aggiornata sulle fonti archivistiche, permangono dubbi quando gli autori citano il nome di un reggimento o di un colonnello, senza specificare se si tratta di una unità appena formata oppure se l'ufficiale aveva sostituito un altro comandante. Inoltre questi corpi sono indicate come reggimenti anche quando in realtà si tratta di singoli battaglioni, come ad esempio i 500 pontifici del reggimento Mattei, i 400 toscani sotto il marchese Filippo Pistolozzi o il *battaglione moschettieri* del Cavaliere della Teloniera.

▲ Assieme agli ingegneri van Wert e van Bor, attivi a Creta dal 1645, la Repubblica assunse altri specialisti dei Paesi Bassi per progettare i lavori di ristrutturazione alle fortezze dei suoi domini. L'ingegnere Henrik Ruse (1624-72) svolse un lavoro molto importante in Dalmazia, dove potenziò le difese di Spalato, Zara e Sebenico, e in seguito fece parte dello stato maggiore veneto sotto Lunardo Foscolo durante gli assedi di Novegradi, Clissa e Risano. (collezione delle stampe del Museo Storico della Città di Amsterdam)

Together the engineers van Wert and van Bor, active in Crete from 1645, the Republic of Venice recruited other specialists in the Netherlands to lead the restoration and modernization of his fortresses. The engineer Henrik Ruse (1624-72) played a very important role in Dalmatia, where he strengthened the defenses of Split, Zadar and Sibenik, and later became part of the Venetian staff during the sieges of Novegradi, Clissa and Risano under Lunardo Foscolo.

e dilatò a dismisura lo sforzo logistico, catalizzando ogni risorsa economica e finanziaria. Secondo lo storico dell'Ottocento Carlo Botta, a Venezia la guerra aveva divorato ogni anno fra i 4 e i 5 milioni di franchi in *pecunia numerata* e tre volte tanto in munizioni da bocca e da guerra. Sommato il calcolo delle spese la guerra costò alla Repubblica 25 milioni di ducati, che avrebbero accresciuto il debito della Repubblica a 64 milioni di ducati. Alcuni studenti di economia dell'università del Quebec hanno provato a calcolare le spese di guerra sostenute dalle parti in lotta rapportandole al valore economico contemporaneo, proponendo la cifra di 15 miliardi di dollari per Venezia e forse il doppio per Istanbul. Uno sforzo finanziario considerevole, le cui dinamiche sono state recentemente approfondite alla luce della crisi generale del Mediterraneo nel XVII secolo, nella quale lo Stato veneto rappresentò un fecondo laboratorio di trasformazioni economiche. Dopo la crisi culminata con la peste del 1630, l'economia veneziana fece intravvedere segnali di ripresa a partire dal 1650, confermando una svolta che si era delineata già negli anni precedenti. I segnali più decisivi giungevano dall'agricoltura, dove ne erano testimonianza le opere di dissodamento iniziate nel basso Padovano e nel Polesine. Lo stesso incremento demografico successivo alla peste - per quanto non eccezionale e più evidente nelle campagne che nelle città - rappresenta un'altra evidenza dell'afflusso di capitali verso la Terraferma. La consuetudine di finanziare le spese di guerra attraverso i contributi delle famiglie più ricche rimase in vita a Venezia per tutta la durata del conflitto. All'inizio questa pratica prevedeva che i cittadini prestassero volontariamente il denaro e che il governo si impegnasse a restituirlo in breve tempo pagando un piccolo interesse. Ma con l'inizio delle ostilità questo sistema non era più in grado di fronteggiare le ingenti spese necessarie per le campagne di guerra, così prese piede la pratica di richiedere prestiti forzosi a interesse a tutti i cittadini in base alla loro ricchezza. La guerra accelerò il consolidamento di una cruciale innovazione finanziaria che finì col trasformare questi depositi in prestiti a lungo termine, rimborsati mediante l'assegnazione di una parte delle entrate fiscali. Nel 1645, poche settimane prima che la guerra iniziasse, il Senato aveva accordato interessi del sette per cento ai *benemeriti* che avessero sottoscritto un prestito di 60.000 ducati per il mantenimento annuo di un reggimento di 1.000 fanti italiani. Tale politica finanziaria metteva a disposizione del governo ingenti quantità di denaro a costi relativamente contenuti e senza premere eccessivamente sui cittadini, ma d'altro canto sottraeva importanti risorse all'economia civile, condannando lo Stato a rimanere debitore verso i propri sudditi per molti anni. Oltre agli effetti finanziari, il consolidamento del debito conteneva tuttavia degli importanti risvolti politici, poiché i veneziani diventavano creditori coinvolti nelle sorti della guerra. Il governo mantenne una fiscalità rigida per ricavare denaro dalle transazioni di affari e dai dazi sulle merci; anche le nomine a Procuratore di San Marco venivano gravate da un imposta di 10.000 ducati. Il numero dei procuratori stessi, accresciuto di soli 3 membri nel 1643, fu aumentato di altri 40 nel corso della guerra. A partire dal 1646, nel disperato tentativo di trovare denaro per alimentare la resistenza dell'esercito e della marina per la difesa del regno sotto assedio, il governo introdusse la vendita della patente di nobiltà al prezzo di 100.000 ducati. Si trattava di una cifra considerevole, ancorché relativa rispetto ai costi generali di guerra, in quanto l'acquisto del titolo di nobiltà finanziava

il noleggio e il mantenimento per una anno di un reggimenti di 1.000 fanti oltramontani. In pratica chiunque attraverso quel pagamento accedeva con la propria famiglia al *Libro d'Oro* della nobiltà e quindi poteva aspirare alle cariche di governo. Nel corso del conflitto la Repubblica incamerò a questo modo 8.000.000 di ducati; nel 1647, per incoraggiare la domanda, fu perfino deciso di istituire una lotteria alla quale potevano iscriversi dieci famiglie alla volta versando ciascuna 10.000 ducati.
Se Venezia riuscì in qualche modo ad alimentare il fiume di denaro che la guerra richiedeva anche grazie alla crescita della sua economia, Istanbul si trovava invece in una situazione che oggi definiremmo di stagnazione, se non di vero e proprio declino economico. Sebbene i sultani ottomani regnassero su un vasto impero e disponessero di ricchezze considerevoli, la corruzione e la cattiva amministrazione avevano provocato una diminuzione dell'efficienza con la quale, un tempo, lo Stato metteva insieme il capitale per le sue campagne di conquista. La soluzione immediatamente disponibile consisteva nell'inasprimento della politica fiscale sulle fonti di reddito che non potevano sfuggire all'erario, ovvero i commerci e la produzione agricola, col risultato - però - di paralizzare l'economia di intere regioni. A peggiorare le cose avevano contribuito i sultani, principali responsabili dell'ingrandimento degli apparati di corte. Il personale del serraglio, stabilito da Süleyman il magnifico in 350 addetti, comprendeva oltre al personale di servizio un gran numero di impiegati che svolgevano tutti i compiti del complesso cerimoniale della corte, da quelli importanti fino ai più bizzarri, come il custode delle piume dei pavoni, quello degli usignoli e dei pappagalli, oppure il servitore incaricato di portare una caraffa ghiacciata durante le passeggiate del gran signore. Oltre a questi impiegati – spesso ben remunerati – i sultani disponevano di uno stuolo di paggi i quali, dai 40 stabiliti da Süleyman, erano diventati 70 sotto Ibrahim I, che si andavano a aggiungere all'esorbitante numero delle concubine, arrivate nel 1648 alla cifra record di 270; alcune fra loro beneficiavano di rendite pari a quelle di un governatore di una provincia. Ovviamente una tale situazione non poteva provocare che un aumento incontrollato delle spese, le quali innescarono una crisi finanziaria dagli esiti catastrofici. La svalutazione delle monete e l'aumento delle imposte necessarie a mantenere le truppe in campagna provocarono rivolte in molte province e perfino la popolazione della capitale si sollevò. L'inaspettata battuta d'arresto dei rapidi piani di conquista pianificati da Istanbul provocò al contempo una violenta crisi politico-militare, precipitata in una nuova ondata di violenze. Dal canto loro i giannizzeri scatenarono una feroce lotta intestina contro i capi militari a loro invisi. Il governo dimostrò la sua incapacità di fronte a questa situazione e in preda alle rivalità e ai favoritismi i visir si rivolsero alla vecchia sultana madre Kösem, la quale tornò ad assumere un ruolo politico tanto importante quanto deplorevole. La venalità si diffuse a tutti i livelli, tanto che si arrivarono a vendere perfino le cariche di governatore e di visir. L'azione di governo del sultano Ibrahim, condotta attraverso l'operato di ministri compiacenti, contribuiva a rendere ancora più disastroso il quadro. In risposta al blocco del canale dei Dardanelli da parte della flotta veneta, il sultano in preda al furore ordinò di sospendere le patenti di commercio a tutte le compagnie commerciali occidentali; poi di fronte al rischio di una paralisi dell'economia revocò l'ordine estendendolo ai soli veneziani. La drammaticità della situazione era espressa a chiare lettere da un funzionario di corte: "il sultano si è consegnato nelle mani dei briganti, le donne dello harem comandano e tutto viene sacrificato

Tab. D) Reggimenti noleggiati (Fonti: Brusoni; Valiero; Nani; Sansovino; Staudinger; Sichar; Bigge; Tessin.):

Anno:	Nome (colonnello):	Provenienza:	Campagne:	licenziato:
1649	***Crossen***	Baviera	Creta	1653?
1659	***Negron opp. De Baviere***	Baviera	Creta	1660?
1661	***Sargan, dal 1667 Onolzpach***	Bayreuth	Creta	1668?
1668	***Waldeck opp. Leibregiment***	Lüneburg Celle	Creta, difesa di Candia	1670
1668	***Molesson***	Lüneburg Celle	Creta, difesa di Candia	1670
1668	***Rasfeld***	Lüneburg Celle	Creta, difesa di Candia	1670
1668	***Pallant***	Lüneburg Celle	Creta, difesa di Candia	1670
1669	***Harcourt***	Lorena	Creta, difesa di Candia	1669
1669	***Bürhen***	Baviera	Creta, difesa di Candia	1670
1669	***Kielmansegg***	Austria	Creta, difesa di Candia	1670

ai loro capricci; tutto questo mentre i veneziani sono penetrati in Bosnia e tengono i Dardanelli bloccati. La popolazione è rovinata, l'impero non può più sopportare un simile stato delle cose". Nell'agosto del 1648 Ibrahim I fu deposto e strangolato; il suo ricordo fu talmente negativo che nessuno dei suoi discendenti osò dare quel nome ai propri figli.

Al posto di Ibrahim fu insediato sul trono il figlio Mehmet IV, di soli undici anni, docile strumento nelle mani delle fazioni in lotta per il potere. La svalutazione e le speculazioni colpirono duramente il sistema monetario e il governo fu a lungo incapace di riportare ordine nelle finanze; molti storici concordano nel dire che sembra quasi impossibile come La Porta sia riuscita a continuare la guerra in una situazione finanziaria così disastrosa e nel caos politico più totale. Nel 1652 iniziò un periodo di migliore gestione politica, grazie all'azione di governo del gran visir Tarhonçu Amed, uomo integro e di gran carattere, ma le misure di rigore da lui prese non furono apprezzate dagli approfittatori del regime, che riuscirono a ottenere la sua destituzione nel marzo del 1653. Due anni dopo, per far fronte alle spese primarie e per pagare il soldo alle truppe si dovete ricorrere a imposte straordinarie, a confische di beni e all'emissione di moneta a basso titolo, rimasta famosa come *moneta boema o delle taverne*. Dal 1648 al 1656 si erano succeduti al governo 13 gran visir, dei quali otto nel periodo più tormentato dal marzo 1653 al settembre 1656; rivolte e ammutinamenti di truppe avevano scosso l'impero fin nelle fondamenta e in pochi scommettevano che La Porta avrebbe continuato la guerra ancora per molto. Ma il 15 settembre del 1656 a capo del governo fu designato l'anziano Köprülü Mehmed, personalità dotata di notevole energia e animato dal sentimento di grandezza dell'impero. Egli riuscì a ottenere pieni poteri, che usò con rigore spietato e a volte crudele, ma fu lui l'artefice della riscossa ottomana.

Dopo aver ristabilito l'ordine e l'autorità del governo a Istanbul e nelle province dell'Anatolia e della Siria, il gran visir riprese la lotta contro Venezia. Dopo di lui, il figlio Ahmed, succeduto alla morte del padre nel 1661, avrebbe ottenuto il *contrassegno della vittoria* portando a compimento la conquista di Creta.

▼ **Una veduta della città fortificata di Clissa** risalente agli ultimi anni del XVII secolo. La cittadina, situata su un rilievo e dotata di buone mura, era considerata 'la porta della Bosnia'. La sua conquista, avvenuta il 1° aprile del 1648, rappresentò uno dei più importanti successi conseguiti dai veneziani in Dalmazia.
(Illustrazione dal Theatrum Europeum, Francoforte sul Meno,1670)

A view of the fortified town of Clissa, *dating from late 17th century. This place, located on high hills and defended with good walls, was considered the 'door to Bosnia'. The venetian conquest of Clissa, which occurred on 1648, 1st April, was celebrated as the major victory in Dalmatia.*

MOBILITAZIONE E RECLUTAMENTO

La guerra di Candia mobilitò un gran numero di soldati, marinai e specialisti reclutati in ogni angolo d'Europa e, nel caso degli ottomani, anche dall'Asia e dall'Africa. Per il fatto che Istanbul condusse una guerra offensiva il rapporto di forze fu costantemente a suo favore - mai inferiore a 3 contro 1- arrivando a mobilitare per l'assalto finale a Candia 70.000 uomini dell'esercito e altri 40.000 della marina. Anche da parte veneta la mobilitazione dei combattenti raggiunse cifre fino allora mai raggiunte. In diversi momenti la Repubblica arrivò a schierare più di 30.000 soldati professionisti, 25.000 marinai e galeotti e 30.000 miliziani delle cernide e altri irregolari; un dispositivo di guerra ripartito sui molteplici fronti della Terraferma, in Dalmazia, sulla flotta e, naturalmente, a Creta.
Quando a Venezia giunse la notizia dello sbarco turco sull'isola, il governo diramò missive a tutti gli ambasciatori per negoziare aiuti in uomini e materiali. Nella primavera del 1645 il senato aveva deciso di portare le forze di terra a 25.000 uomini, aumentati di altri 7.000 l'anno seguente. L'esercito veneziano consolidò la propria forza negli anni fra il 1646 e il 1649, arrivando a schierare 8.000 soldati a Creta, altri 15.000 con la flotta, in Dalmazia, in Istria e nelle isole greche, più altri 10.000 di riserva nella Terraferma. Negli anni Cinquanta il dispositivo schierato a Creta non scese mai sotto i 7.000 uomini ripartiti fra Candia e le fortezze sulle isole di Suda, Spinalonga e Grabusa, tornata in potere veneto nel 1659. Un anno dopo si concentrarono sull'isola 11.200 fanti e 1.200 cavalieri, oltre ai 6.000 circa presenti a Candia, per quello che fu il maggior sforzo militare compiuto fino a quel momento dalla Repubblica per liberare l'isola. Nel 1666, durante l'ultimo tentativo veneto per cacciare i turchi da Creta, si inviarono 8.328 fanti e 860 cavalieri, sbarcati vicino a La Canea sotto il marchese Francesco Villa. Negli ultimi tre anni di guerra la mobilitazione proseguì senza soste ricorrendo a tutti i metodi per reperire uomini da inviare alla difesa di Candia, trasformatasi in una fornace che consumava senza sosta centinaia di soldati. Fra il 1667 e 1669 la Repubblica inviò a Candia non meno di 20.000 uomini, allo scopo di evitare che la guarnigione scendesse sotto la fatidica cifra di 4.000 combattenti, considerata la soglia minima per continuare la resistenza. A Creta si concentrarono in definitiva i maggiori sforzi dei contendenti e, rispetto agli altri fronti, i numeri confermano come l'isola fosse il baricentro strategico della guerra, tuttavia anche in Dalmazia la Repubblica cercò di potenziare l'esercito per respingere l'assalto dei turchi e successivamente per portare la minaccia in territorio nemico. Nel 1649 i veneziani schieravano fra Spalato, Zara, Sebenico, Trau, le recenti conquiste di Zemonico, Dervis, Clissa e le altre piazze tolte ai turchi, una forza di 5.000 uomini di *soldatesca pagata*, 3.000 irregolari e 10.000 miliziani. Nel 1654, nel tentativo di conquistare la piazzaforte turca di Knin, l'esercito uscì in campagna agli ordini di Lorenzo Dolfin con 2.000 soldati di fanteria e 250 di *cavalleria regolata*, 1.600 irregolari a piedi e altri 300 a cavallo, rinforzati in retroguardia da 1.140 miliziani delle cernide. La minaccia turca sulla regione, rappresentata dalle scorrerie che a intermittenza proseguirono più o meno violentemente fino al 1662, non permise alla Repubblica di diminuire ulteriormente le proprie forze su quel teatro.
Poiché i sudditi di Venezia erano inquadrati nelle *cernide* della milizia e nell'Armata da mar, gli arruolamenti avvenivano perlopiù fuori dai territori della Repubblica, ma non furono rari i casi in cui – mediante decreti straordinari – si reclutarono soldati anche nella Terraferma, finché - soprattutto verso la fine del conflitto - si ricorse all'arruolamento coatto estraendo volontari dalle cernide con il metodo della *decimazione*.
Si trattò di una misura estrema e molto impopolare, ma l'urgenza di trovare uomini per difendere i *bastioni del Regno* fece passare in secondo piano le tradizionali cautele politiche verso i sudditi. A partire dagli anni Sessanta si ricorse sempre più spesso a uomini provenienti dalle province della Lombardia, del Veneto e del Friuli, dapprima poche centinaia, poi 3.000 volontari in una volta sola nel 1665. Nei domini in Dalmazia, Albania e Grecia l'arruolamento di volontari per i reparti ultramarini conobbe un impennata fra il 1645 e il 1650, dovuto soprattutto per il passaggio delle comunità morlacche e cimariotte dalla parte della Repubblica, nonché per l'arruolamento di circa 4.000 greci della penisola di Maina, mediante un formale accordo siglato con i capi della bellicosa comunità di quella regione, sulla quale La Porta non esercitava di fatto alcuna autorità.

La diplomazia veneta fu molto attiva nella ricerca di truppe da noleggiare. L'ambasciatore straordinario veneto alla conferenza di pace di Westfalia, Alvise Contarini, si adoperò per ingaggiare ufficiali e soldati dei corpi in smobilitazione; altri contratti furono accordati per la capitolazione di reggimenti in Svizzera e nei Grigioni, da molto tempo fornitori di soldati per la Serenissima. Si richiesero 4.000 uomini anche alle Province Unite dei Paesi Bassi, da far giungere a Venezia via mare assieme a quattro vascelli da guerra, ma le trattative si arenarono e non portarono a nessun risultato, tranne l'arrivo di ingegneri e altri specialisti. In quegli anni la reputazione dei soldati dell'Europa settentrionale era assai elevata, non fosse altro per la professionalità accumulata nelle campagne della guerra dei Trent'anni, e per questo l'ingaggio degli oltremontani era più alto della media che si pagava in Italia e mediamente il doppio di quanto si spendeva per una recluta ultramarina, disparità ingigantita anche per il differente valore della moneta circolante nelle colonie. Prima dell'inizio della guerra Venezia schierava un solo reggimento di fanteria alemanno, al quale se ne aggiunsero altri due nel 1645 dopo la stipula di contratti con comandanti mercenari in Baviera e in Svevia.

Fra il 1645 e il 1648 furono firmate capitolazioni con i cantoni svizzeri per due reggimenti di fanti e un terzo fu reclutato nei Grigioni. Nei primi anni l'emergenza spinse la Repubblica a cercare truppe anche fuori dalla Germania e dalla Svizzera, come accadde nel 1647 con il reggimento vallone del colonnello Longueval, e un anno dopo con quello francese del conte Achilles de Romorantin.

Mentre i contratti con i cantoni svizzeri e i Grigioni erano regolati da accordi sottoscritti con le autorità di governo locali, in Germania il 'mercato' presentava uno scenario che oggi definiremmo di maggiore *deregulation,* nel senso che le trattative potevano essere

▲ Il grado di colonnello era comparso nell'esercito veneziano durante la guerra della Lega di Cambrai. A partire dal 1510 nei decreti del Senato si parla già di *Colonelli* sotto i quali si raccoglievano i corpi più numerosi, che potevano contare fino a 3.000 uomini, distinti dai capitani, ai quali assegnavano compagnie di 100 o 200 effettivi. Attorno al 1539 esisteva anche una figura paragonabile al tenente colonnello. Il senato decretò in quell'anno che il governo potesse nominare capitano solo chi avesse comandato almeno 100 uomini in tempo di guerra, o avesse servito come *luogotenente* di un colonnello. (Johann Heinrich Roos (1631-85), ritratto di un ufficiale alemanno, Norimberga, Germanisches Nationalmuseum)

The rank of Colonel had already appeared in the Venetian army in 16th century. Starting from 1510 are already mentioned 'Colonelli' commanding the largest corps who could count up to 3,000 men, distinguished by the Captains, who led companies of 100 or 200 men. In 1539 had appeared a figure similar to Lieutenant Colonel too. The senate decreed in that year that the government of a military corps could be appointed only to captains who had commanded at least 100 men in time of war or had already served as a lieutenant colonel.

► **Dal 1660 il duca Carlo Emanuele II di Savoia** inviò a Venezia reclute e truppe a per la guerra di Creta, a seguito del riavvicinamento avvenuto fra i due Stati. In precedenza il duca e la Serenissima erano stati a lungo divisi per via del contenzioso relativo al titolo di re di Cipro; ma come facevano notare con ironia le cancellerie di tutta Europa, Torino e Venezia continuavano a contendersi un titolo reale nonostante dal 1573 l'isola appartenesse al sultano. (Ritratto di Carlo Emanuele II di Savoia, dipinto di Pietro Mignard; villa della Torre Valsassina, Ziracco)

***In 1660 Duke Carlo Emanuele II of Savoy** recruited soldiers for the war in Crete to help Venice, as a result of the rapprochement between the two countries. Previously the duke and the Serenissima had long been divided by the dispute for the title of King of Cyprus, but how did note with irony the courts of Europe, Turin and Venice continued to contend for a title that belonged from 1573 as permanent possession to the sultan.*

condotte direttamente con i colonnelli-imprenditori, che si occupavano in completa autonomia non solo dell'arruolamento degli uomini, ma anche del loro equipaggiamento e di tutti gli altri aspetti relativi alla formazione dei contingenti. Questa opzione garantiva alla Repubblica meno problemi dal punto di vista organizzativo e, pur implicando costi più alti, evitava spiacevoli inconvenienti, come quelli accaduti con certe *levate* svizzere arrivate a Venezia, secondo quanto riferito dal *Mercurio* del 1653: "...sfinite e lacere, quasi ignude". Le trattative private con i comandanti mercenari garantivano inoltre la continuazione di quei rapporti di scambio fra politica e *Militare* che nel Seicento costituivano un tratto caratteristico dell'esercizio del potere. Nel corso del conflitto le trattative private e l'arruolamento diretto cedettero sempre più il passo agli accordi specifici con le case regnanti, le quali trasferivano dietro compenso interi reggimenti completi di stato maggiore. I rapporti istituzionali resero però più lento l'ottenimento dei contingenti; inoltre, dopo il 1655, la disponibilità di soldati mercenari in Germania e in Svizzera diminuì sensibilmente per effetto degli altri conflitti sorti in Europa. Tutto ciò obbligò la Repubblica a pagare ingaggi più elevati. er di più questi reclutamenti, anche se pagati a caro prezzo, avvenivano sempre dopo estenuanti negoziati. Nel 1649 l'elettore di Baviera concesse all'inviato veneto Girolamo Cavazza di riunire in un reggimento di fanteria le truppe licenziate a seguito della pace di Westfalia e di affidarle al barone Johann Stephen von Crossen. In quel caso la fatica e il tempo speso furono ben ripagati, in quanto il reggimento si distinse positivamente nelle sortite effettuate a Candia nel 1652 e nel 1653, nell'ultima delle quali perse la vita l'abile e valoroso colonnello von Crossen. Nel 1660 il rappresentante veneto Girolamo Giavarina ottenne dal principe elettore il permesso di reclutare altri fanti in Baviera e nello stesso anno l'imperatore d'Asburgo accordò il passaggio di due reggimenti al servizio veneto, quindi nel 1661 fu noleggiato un reggimento di Ansbach-Bayreuth, infine nel 1668 fu siglata una capitolazione con il duca di Braunschweig-Lüneburg Celle per l'invio a Creta di 2.400 uomini, divisi in quattro reggimenti, agli ordini del conte Josias von Waldeck. Nell'ultimo anno del conflitto furono noleggiati un reggimento in Baviera e un altro di 600 (per altre fonti 800) fanti dall'imperatore. Anche quando si ottenevano le truppe, le clausole di noleggio o le prerogative accordate ai colonnelli ne rendevano a volte difficoltoso l'impiego. In genere gli oltramontani mal sopportavano il servizio sulle navi e spesso i trasferimenti via mare cagionavano problemi a non finire.

Nell'autunno del 1650, quando il senato decise di licenziare il reggimento svizzero del colonnello Johann Rudolph Wertmüller, fra le varie cause che determinarono tale scelta vi era la clausola che impegnava la Repubblica a non impiegare l'unità oltremare. Il reggimento ascendeva a 2.000 uomini e costò molto denaro, ma non poteva essere impiegato che in Dalmazia e ciò fu concesso solo per cortesia del colonnello, in quanto la capitolazione conclusa con i cantoni di Zurigo e Berna non lo obbligava a servire fuori dall'Italia. Del resto la prospettiva di andare a combattere a Creta non rappresentava un incentivo e di ciò lasciò eloquente testimonianza il conte von Stahremberg, colonnello del reggimento di fanteria inviato dalla casa d'Austria a Napoli nel 1668, oppostesi fermamente alla richiesta dell'imperatore di trasferire egli stesso e i suoi uomini sull'isola.

In quegli anni le vicende legate alla guerra di Candia erano note a molti e i resoconti propagati dai reduci provocavano reazioni ambivalenti, tuttavia la scarsa disponibilità a servire nell'arcipelago da parte degli oltramontani rimase a lungo una costante. Già

◄ **Il contingente francese giunto a Candia nel giugno del 1669 era agli ordini del generale Annes de Noailles.** La spedizione era partita da Tolone ai primi di maggio e trasportò a Candia un corpo di 7.000 soldati e marinai. I difensori nutrivano molte aspettative su questi rinforzi tuttavia, dopo il fallimento della grande sortita del 29 giugno, la loro partenza accelerò la resa della città.
(incisione di Françoise de Poilly, Gabinet des Etampes de Musèe de Louvre, Parigi)

The French contingent arrived in Crete in June 1669 under General Annes de Noailles. *The expedition had left Toulon in early May and brought to Candia 7,000 soldiers and sailors. The defenders had a lot of expectations on these reinforcements, however, after the failure of the great sortie of June 29, their departure hastened the surrender of the city.*

nel maggio del 1648 in Dalmazia, la falsa notizia diffusasi fra le truppe in marcia per Spalato di un prossimo imbarco per Candia, fu sufficiente a provocare l'ammutinamento delle corazze alemanne e dei loro ufficiali, che minacciarono di "...passare al servizio di Cesare". Ma la repulsione per Candia era diffusa anche fra altre nazionalità: nell'estate del 1664 le reclute raccolte in Savoia e imbarcate sul vascello *San Simeone* si ammutinarono, uccisero gli ufficiali e costrinsero l'equipaggio della nave a sbarcarli in Sicilia. In altre occasioni la contrarietà delle truppe a entrare al servizio di Venezia mandò all'aria progetti ambiziosi, come si apprende dalla caustica penna del Valiero. Lo storico scrive che nella primavera del 1668 il duca Carlo IV di Lorena aveva offerto suo figlio, il conte Charles de Vaudemont, alla testa di 4.000 fanti e 500 cavalli levati a proprie spese "...desiderando solamente qualche testimonio d'onore per il conte medesimo". Ma considerazioni di ordine pratico – cioè la scarsa utilità della cavalleria a Candia e l'elevata spesa di mantenimento che avrebbe comportato - assieme ad altre difficoltà di ordine politico – ovvero la collocazione del giovane conte in un posto di comando - fecero cadere l'offerta. Carlo IV volle però contribuire con 1.500 fanti "...ed effettivamente li avrebbe inviati di sue truppe, se queste ammutinatesi contro i voleri del Principe, non si fossero con violenza fermate." Per far fronte all'impegno il duca ottenne da Luigi XIV il permesso di arruolare 800 uomini in Provenza, partiti per Creta agli ordini del conte d'Harcourt.
Venezia si rivolse anche ai corsi, reclutando fra il 1645 e il 1660 almeno due reggimenti di fanteria. Le autorità genovesi mal tolleravano questi traffici, ma l'attività di reclutamento di volontari si svolgeva attraverso agenti operanti fuori dall'isola per aggirare le restrizioni del governo ligure. Per tutto il secolo Livorno e Civitavecchia furono i principali centri di raccolta di reclute dalla Corsica, le quali – attraverso l'opera di intermediari e di colonnelli mercenari originari dell'isola – cercavano fortuna nell'esercito di qualche Stato europeo, oppure sceglievano la carriera militare per sfuggire alle ricorrenti faide che insanguinavano l'isola. Nel Seicento i corsi avevano fama di essere soldati coriacei, in grado di sopportare molte privazioni e accontentarsi di trattamenti spartani. Un reggimento corso rimase al servizio veneto per oltre dieci anni agli ordini del colonnello Giacinto Peri, veterano della campagne in Dalmazia, nell'arcipelago e a Creta.

Anche molti Stati italiani aderirono alla richiesta di aiuti avanzata da Venezia: il duca di Parma, in ossequio all'alleanza con la Repubblica nella guerra di Castro, accordò prima della fine del 1645 la leva di 2.000 uomini che, *riuniti benissimo all'ordine* con 300 dragoni, si offrì di guidare personalmente contro i turchi. Ai primi del nuovo anno il papa spedì in due volte in Dalmazia 2.000 reclute e aiuti in denaro; anche la piccola repubblica di Lucca rilasciò patenti per l'arruolamento di 1.000 uomini da inviare in Levante. Anno dopo anno gli ambasciatori veneziani presentavano richieste di tenore simile presso tutte le corti e le cancellerie europee: nel 1651 la regina di Francia autorizzò il reclutamento di 2.000 fanti e promise un sussidio di 70.000 scudi; un anno dopo il principe Orazio Farnese entrava al servizio della Repubblica portando con se 3.000 soldati di fanteria; da Modena partirono altri 1.000 fanti nel 1653. Negli anni seguenti fu lo Stato Ecclesiastico a fornire gli aiuti più consistenti: nel 1655 Alessandro VII accordò una leva di 2.000 uomini; due anni dopo rilasciò patenti per l'arruolamento nel suo Stato di 4.000 fanti, mentre le maggiori famiglie della nobiltà romana contribuirono economicamente per equipaggiare i contingenti; infine nel 1665 il papa inviò in Dalmazia un reggimento di 1.000 fanti, imbarcato l'anno seguente per Candia. La diplomazia papale contribuì agli aiuti per la Serenissima con la formazione di una lega di Stati: nel 1660, in previsione dell'attacco a La Canea, Modena inviò 300 fanti assieme ai 4.000 soldati francesi messi a disposizione dal giovane Luigi XIV; lo stesso fece Carlo Emanuele II di Savoia, che noleggiò tre reggimenti di 500 fanti ciascuno; i cavalieri di Malta inviarono più volte a Candia il loro battaglione delle galere fra il 1663 e il 1669; Lucca rilasciò patenti per arruolare altri volontari e infine raccolse 50.000 libbre di polvere da sparo, mentre dal principe arcivescovo di Salisburgo ne giunsero altre 60.000. Nel 1664 il duca di Savoia riportò il proprio contingente al servizio veneto a 1.000 fanti; mentre fra il 1662 e il 1666 rilasciò autorizzazioni per il reclutamento di 4.000 uomini. Nel 1666 anche il granduca di Toscana destinò in Dalmazia un contingente di 400 fanti agli ordini del marchese Filippo Pistolozzi, imbarcati due anni dopo alla volta di Creta. Concessioni di questo tipo continuarono a esistere fino all'ultimo, come accadde con il reggimento di 2.000 fanti del principe della Mirandola, reclutato dal papa e dai duchi di Mantova, Modena e Parma, approdato a Candia due settimane prima della resa della città.

L'eccezione più significativa circa l'arruolamento di sudditi veneti per l'esercito fu rappresentata dai contingenti raccolti in Dalmazia, l'Albania e nelle colonie greche. Nel corso della guerra Venezia impiegò i suoi fanti *schiavoni* su tutti i fronti. In Dalmazia furono formati a partire dal 1645 unità ad *hoc* di fanteria oltremarina riunendo le compagnie in reggimenti temporanei, talvolta composti tanto di croati che di albanesi. Negli anni delle vittoriose campagne sotto Lunardo Foscolo, queste unità si segnalarono in molte occasioni e i loro comandanti, fra tutti l'eccellente capitano Michiel Angelo Crutta - *Colonnello della nazione oltremarina* – ottennero successi e riconoscimenti prestigiosi. Anche nelle isole greche di Corfù, Zante e Cefalonia si reclutarono soldati, impiegati tanto come fanteria da sbarco che per il servizio di

◄ I cimeriotti erano un gruppo di comunità cristiane dell'Albania stanziate a nord del lago di Scutari che, al pari dei morlacchi, fornì ai veneziani una milizia confinaria particolarmente agguerrita. (dorso di una carta da gioco, inizio XVIII secolo; Museo Correr, Venezia)

The Cimeriotti were a group of Christian communities settled in Albania in the northern side of Scutari lake which, like the Vlach, gave to Venice a particularly fierce border militia.

guarnigione a Creta, specialmente durante gli ultimi tre anni del conflitto. La Repubblica reclutò volontari nelle isole greche anche per formare unità di guastatori e minatori; nel 1668 furono raccolti a questo scopo 2.000 greci da inviare a Candia per contrastare i lavori di mina degli assedianti. Per tutta la durata della guerra l'arruolamento riguardò principalmente la fanteria ma, nonostante la relativa utilità delle truppe a cavallo per la strategia veneziana di difesa a oltranza, si allestirono pure reggimenti di corazze e di dragoni. Nella sua storia della guerra di Candia, Girolamo Brusoni ricorda due reggimenti di 320 corazzieri ciascuno inviati in Dalmazia nel 1646; il primo composto da mercenari italiani agli ordini del colonnello Giovambattista Degna e l'altro formato da *alemanni* sotto il conte di Longueval; mentre un reggimento di dragoni – col colonnello Alceste Campagna - combatté in Dalmazia dal 1646 al 1651. Su quel teatro di guerra la cavalleria giocò comunque un ruolo importante, specialmente quella pesante, considerata come l'unico strumento efficace per contrastare in campo aperto i sipahy turchi e gli altri irregolari a cavallo. Altre compagnie di corazze si trovavano a Candia, dove parteciparono ai combattimenti del 1647 e del 1648, impiegate sia per le ricognizioni che in combattimento, tanto appiedate che a cavallo. Nel 1649 fu costituito a Creta un intero reggimento di *corazze*, riunendo le compagnie già presenti con altre arrivate dalla Terraferma. I corazzieri combatterono agli ordini del colonnello Felice Simone, sostenendo un ruolo di rilievo nelle sortite effettuate durante il secondo assalto turco a Candia. Un altro reggimento di *corazze* italiane fu inviato a Creta nel 1660 sotto il conte Sforza Bissaro, per poi rimanere di guarnigione a Candia almeno fino al 1665. Ma per tutta la durata del conflitto la componente principale della cavalleria veneziana fu quella dei *cappelletti*, i soldati a cavallo slavi e albanesi, a volte indicati nelle fonti dell'epoca anche come *stradiotti*. Questa cavalleria leggera fu naturalmente impiegata in gran numero sui teatri di guerra della Dalmazia e della Bosnia, ma anche a Creta si trovavano già nel 1645 due compagnie di stradiotti, ovvero di greci a cavallo, coinvolti negli scontri con la cavalleria turca a Apicorno e Cladissà. Nel 1648 un intero reggimento di cappelletti, agli ordini del colonnello *schiavone* Marko Sinosich fu formato con 400 reclute a cavallo croate e inviato a Candia, dove rimase in attività per oltre cinque anni. Sinosich si trovava a Creta fin dalle prime fasi della guerra; aveva partecipato alla difesa de La Canea come ufficiale di una compagnia cappelletti ed era stato catturato dai turchi alla resa della città; liberato l'anno seguente in seguito a uno scambio di prigionieri era tornato a combattere per la Repubblica, che lo aveva ricompensato con la patente

◄In questa incisione della metà del XVII secolo, raffigurante due moschettieri francesi, si possono individuare le principali caratteristiche dell'abbigliamento militare e civile di quegli anni. Rispetto agli anni precedenti è da notare la sensibile diminuzione delle dimensioni e della forma del colletto della camicia, mentre iniziano a diventare comuni i calzoni più attillati e gli accessori di abbellimento tipici della seconda metà del Seicento, quali nastri, fiocchi e merletti.
(illustrazione dal Marechal de Bataille, Parigi, 1647)

This engraving, showing two French musketeers, shows the main features of the mid-seventeenth century military and civilian clothing. Compared to previous years is worth noting the significant reduction of the size and shape of the shirt collar, while start to become common tight breeches and accessories of embellishment typical of the second half of the century, like ribbons, bows and laces.

di colonnello. Nel 1651 il reggimento contava ancora 381 uomini fra cavalleggeri comuni e ufficiali. Venezia fu in grado di aumentare la propria cavalleria leggera grazie all'arrivo di un gran numero di *zadruga* - famiglie allargate - delle comunità morlacche dell'entroterra, le quali permisero di formare un reggimento di cavalleria leggera e due reggimenti di fanteria. Altre popolazioni della regione giurarono fedeltà alla Repubblica, come accade nell'agosto del 1645 alla vigilia dell'infruttuoso assalto veneto a Duare (Zadvarje) alla comunità di Macarsca (od. Makarska in Croazia) i cui capi ricevettero in segno di amicizia dal provveditore degli anelli d'oro con impresso il leone di San Marco; quindi un anno dopo furono i *cimeriotti* dell'Albania a sottomettersi in gran numero alla Repubblica. Nella primavera del 1648 gli agenti veneti presero contatti con i maggiorenti di Durazzo per provocare un'insurrezione contro la guarnigione turca; gli albanesi assicurarono agli emissari della Repubblica di poter mettere in armi 10.000 uomini, ma al momento decisivo la sollevazione fu scoperta e tutti i capi giustiziati. Altri volontari provennero da Paesi che conservavano una precaria indipendenza dalla Porta, come i 1.000 montenegrini presenti all'assedio di Risano di Cattaro nel 1649.
Di fronte alla pressione ottomana, il governo ricorse da subito alla mobilitazione della milizia. Il timore di incursioni che potessero penetrare fino in Terraferma, come era avvenuto nel 1499, portò alla mobilitazione delle cernide in Friuli e nell'Istria nel 1645 e nuovamente nel 1657-58, spingendo il governo a raddoppiare il numero di uomini nelle compagnie. Ancora più consistente fu la chiamata alle armi delle cernide in Dalmazia, che ebbero modo di partecipare ai primi combattimenti difensivi e successivamente alle azioni condotte contro le fortezze turche in Bosnia. Nel 1648 erano in armi più di 12.000 miliziani e il loro numero non scese mai sotto i 10.000 uomini che ordinariamente occorrevano per presidiare le maggiori piazze della regione. In genere le cernide locali dimostrarono sufficiente affidabilità quando impiegate per la difesa del loro territorio, meglio se sostenute da *provvisionati*. Nella primavera del 1657 le cernide di Bossiglina (Bonkovići, sull'isola di Hvar) si difesero accanitamente durante l'attacco turco alla loro città; in quella occasione presero le armi anche le donne e, nonostante l'esito sfavorevole, la resistenza dei miliziani dimostrò chiaramente come questo tipo di truppe, al riparo di buone fortificazioni, poteva sostenere assedi per un tempo ragionevole. Al contrario l'utilizzo delle cernide per le operazioni offensive mise in luce i difetti e il loro scarso entusiasmo quando erano costrette a combattere lontano dalle proprie case. Nel 1648, durante la campagna che portò alla conquista di Clissa, i miliziani disertarono in gran numero appena varcato il confine; a questo proposito il commento del provveditore Lunardo Foscolo fu ripreso dalla penna del Brusoni: "...bene è vero che in tutto questo assedio si ricevesse da così fatte soldatesche paesane più disturbo, che beneficio; perché nel dimandar la polvere e il biscotto erano quattro o cinquecento secondo la rassegna fatta, ma quando erano ricercati per le fazioni non se ne contavano che sei o sette per insegna (compagnia), e talvolta si vedevano gli Alfieri andar soli senza Capitano, o soldati quasi trastullandosi per quei sassi e spesso in cerca di legname e di radicchio". Ma assai peggiore fu il comportamento delle cernide e della cavalleria feudata di Creta, che al contrario non dimostrarono doti di combattenti nemmeno nella difesa delle loro città. Quando da Candia si inviarono le prime truppe a soccorso de La Canea assediata, cinquecento cernide cretesi componevano la retroguardia del corpo di soccorso guidato dal conte Carlo Fenarolo. Avvicinatasi alla città nottetempo, la fanteria regolare si arrestò per attendere i miliziani che marciavano più lentamente, ma questi, scorgendo i bagliori delle armi, pensarono si trattasse di un'imboscata dei turchi e dopo esplosa una salva si diedero alla fuga, compromettendo a questo modo tutta l'operazione. Nemmeno dentro la città assediata le cernide si dimostrarono all'altezza della situazione. Inutilmente il provveditore Andrea Navagero provò con il suo esempio a scuotere i miliziani: "verso la fine dell'assedio (Navagero) rimase ferito alla stomaco in seguito allo scoppio di una mina e non poté col suo esempio dare spirito ai feudati che l'accompagnavano, che li portasse a far minima prova di soldati d'onore, avendolo tutti nel rischio maggiore del combattimento abbandonato (...) Parve che la nobiltà e i feudati mostrassero sempre una gran tiepidezza nel servizio Pubblico, affermando di non essere obbligati d'andare a farsi trucidare sulle mura infino a che ci fosse gente pagata dal Principe". A seguito degli esiti negativi accaduti a La Canea e nel resto dell'isola, considerata inutile la spesa per il suo mantenimento, nel 1647 tutta la milizia di Creta fu ridotta a due *battaglioni* di 800 uomini ciascuno e

E) Composizione del corpo dei venturieri francesi nella sortita del 16 dicembre 1668
Comandante: duca de la Feuillade. Aiutante: de Tresmes
1a Brigata: conte de Saint Pol. Aiutanti: du Pré; des Roches. Alfiere: Derlingue.
Compagnie: de Chamilly; Jovency ; Cavalier de Molets; Segeville ; Tambonneau; de Chalain; Beau-Chevilliers; de Fourneaux. (230 uomini)
2a Brigata: duca de Caderousse. Aiutanti: Dampierre; de Rouville. Alfiere: Hongre.
Compagnie: de Refuge; Suze; de Torde; Flavigny; Bois-Commun; Eilncault. (175 uomini)
3a Brigata: duca de Villemaure. Aiutanti: de la Montile; de Longuemer; Alfiere: de la Coste.
Compagnie: de Bois le Corate; de Villemaure; Charmont; de Virginy. (115 uomini)
4a Brigata: duca de Chateu-Thierry. Aiutanti: de Liomecourt; de Poncet; Alfiere: de Gonor.
Compagnie: Saint Marcel; Mordivi; de la Forèt. (90 uomini)

inviata nella capitale, mentre la cavalleria fu riformata su tre compagnie riunendo i feudati più affidabili.
Il sostegno più importante ottenuto dalla Repubblica fu quello offerto dalla Francia, lungamente negoziato e regolato in modo da non provocare turbamento all'equilibrio politico europeo. Fu il giovanissimo Luigi XIV a consentire nel 1660 la formazione di un corpo di 4.000 fanti e cavalieri da inviare a Creta per riconquistare le piazze in mano ai Turchi. Negli anni seguenti il gabinetto degli esteri di Parigi fu continuamente in contatto con il Senato per negoziare altri aiuti, cercando sempre di dissimularne la provenienza per non pregiudicare l'antica amicizia fra la Francia e La Porta. Quindi nel 1667 il duca de La Feuillade, uno dei generali francesi che avevano partecipato alla campagna d'Ungheria sotto Montecuccoli nel 1664, ottenne da Luigi XIV il permesso per formare un corpo di volontari da inviare sotto le bandiera di Malta a Candia nuovamente assediata. Il duca contribuì di tasca propria per allestire il contingente, mentre il re aveva autorizzato gli ufficiali del suo esercito a congedare chi desiderava partecipare a quell'impresa.
Nel settembre del 1667 avevano aderito 600 volontari, in maggioranza ufficiali e aristocratici avventurieri; fra essi si trovavano cadetti delle famiglie più importanti di Francia, desiderosi di mostrare il proprio valore e guadagnare reputazione.
Ogni gentiluomo aveva con se un servitore armato che in marcia trasportava le armi e gli stava vicino in combattimento: nella potente suggestione esercitata dalla guerra nel Levante, lo spirito cavalleresco tornava a incarnarsi in questi gentiluomini, i quali - usando le parole del colonnello Bigge - *adorni di merletti profumati e con un motto scherzoso sul labro, rendevano estatico il mondo intero con il loro coraggio.* La Repubblica si accollò le spese per il loro mantenimento e la metà del salario, stabilito a una lira giornaliera, ovvero lo stesso che percepivano gli oltramontani. Dopo un anno di servizio a Candia il fastoso contingente era sceso a 450 uomini, i quali assieme a La Feuillade chiesero insistentemente di poter effettuare una sortita per *dare occasione di fare di cosa degna del loro nome e del loro stato* e con quella azione chiusero la loro partecipazione alla guerra.
Nel 1669 Luigi XIV offrì un ultimo soccorso alla Repubblica, inviando a Creta un corpo di 54 (per altre fonti 50) compagnie di fanteria e 5 compagnie di cavalleria per un totale di 6.000 soldati e 2.000 marinai, agli ordini del grand'ammiraglio duca de Beuaufort e del generale Annes de Noailles; il contingente comprendeva anche 3 compagnie del reggimento delle *Gardes Françaises*, 2 compagnie di *Mosquetaires du Roi* e 232 ufficiali riformati aggregati come volontari. Molti di questi uomini erano reduci della spedizione contro il Bey di Algeri, conclusasi l'anno precedente in modo tutt'altro che positivo, tanto che per il Beaufort, comandante della flotta francese, quella era l'occasione per riscattare l'insuccesso. E' fuori di dubbio che senza quel soccorso Candia sarebbe caduta entro la primavera, tuttavia i rapporti fra il comandante francese e il capitano generale Francesco Morosini si fecero tesi e poiché essi discordavano su molte questioni riguardo l'impiego di queste truppe, alla fine il contributo francese servì solo a ritardare di quattro mesi la resa della città.
Nel clima di emergenza dei primi anni ogni fonte di approvvigionamento di soldati fu tenuta da Venezia in grande considerazione, sia che si trattasse di reggimenti di veterani già formati e inquadrati, che di volontari arruolati attraverso i metodi più vari. Fatta eccezione per i francesi e pochi altri, nella maggior

◄ **Lunardo Foscolo, provveditore generale in Dalmazia** fino al 1651 e capitano generale da mar dal 1652 al 1653. Sotto di lui i veneziani ottennero notevoli successi nei Balcani, conquistando un gran numero di fortezze e ottenendo l'adesione di molte comunità di quelle province, tanto che, anni dopo, lo stesso Foscolo dichiarò come alla fine della campagna del 1649 si fosse trovato nelle condizioni di poter conquistare tutta la Bosnia, ma che si era trattenuto per eccesso di prudenza. (Collezione dei ritratti dei capitani generali da mar; Museo Navale, Venezia)

***Lunardo Foscolo, general 'provveditore' in Dalmatia** until 1651 and 'capitano generale da mar' (captain-general of the sea) from 1652 to 1653. Under him, the Venetians gained remarkable successes in the Balkans, gaining a large number of towns and fortresses and subduing many local communities. Years later Foscolo said that, at the end of the campaign of 1649, he could have conquered all Bosnia, but had retained to it for an excess of caution.*

parte dei casi i contingenti furono interamente equipaggiati a spese della Repubblica, che il più delle volte si assunse anche gli oneri di trasferimento dalle regioni di provenienza. Non fu poi raro il caso che gli Stati fornitori di reclute approfittassero delle campagne di arruolamento per disfarsi dei cattivi soggetti o di veri e propri criminali.

Prima di ogni campagna il governo riceveva dai provveditori i rapporti contenenti i giudizi sugli uomini arruolati e più o meno frequentemente si segnalavano le irregolarità riscontrate. Fra il 1662 e il 1666 per esempio, fu contestato più di una volta al duca di Savoia che fra le reclute dei suoi Stati ci fossero molti vagabondi e criminali *inadatti a portar l'armi e poco utili al remo.* Nel corso della guerra è comunque raro trovare unità con una durata di servizio superiore a tre o quattro anni. L'elevato turnover era dovuto non solo agli esiti di combattimento o all'elevata mortalità per le tante epidemie che funestarono i teatri di guerra, ma sopratutto perché il governo veneto preferiva non impegnarsi troppo a lungo con i mercenari, sia per motivi di bilancio, sia perché lo stato di servizio di certi contingenti poteva rivelarsi insoddisfacente e quindi procedere senza troppi problemi a licenziare i reparti meno efficienti. D'altro canto, nell'ondivago contesto politico internazionale di quegli anni, anche gli Stati potevano esimersi dal concedere reclute e determinare lo scioglimento delle unità. Pure le comunità ostili ai turchi, che all'inizio della guerra avevano inviato volontari all'esercito veneto, si ritirarono progressivamente dalla lotta, come fecero i greci della Maina, che a partire dal 1660 diminuirono sensibilmente l'afflusso di reclute. Considerate tutte queste premesse, risulta ovvio che l'esercito messo in campo da Venezia abbia mostrato per tutta la durata del conflitto una preparazione e un grado di efficienza alterno. Alcuni commentatori contemporanei concordano nel dire che le unità oltramontane fossero le migliori, ritenendoli più abili *nel prendere i posti e conservarli* e di essere *impetuosi e ostinati.* Secondo quanto scrivono i provveditori veneziani, i soldati italiani e corsi offrivano un certo affidamento, mentre i levantini – specie i cavalleggeri – croati, albanesi e greci, erano giudicati negativamente, *naturalmente senza disciplina* e violenti verso la popolazione civile. Di altro avviso sono invece i giudizi espressi da Johann Scheither, un capitano del contingente del Braunschweig-Lüneburg che lasciò un ampio resoconto degli ultimi mesi dell'assedio di Candia, giudicando fra i migliori soldati i greci, gli slavi e - naturalmente - i tedeschi; mentre si espresse poco favorevolmente verso francesi e italiani. Per la mentalità dei comandanti del tempo, le tante nazionalità esistenti potevano servire a stimolare lo spirito di emulazione fra i contingenti; in questo contesto più volte si menzionano a Candia *prove di valore* e altre imprese eseguite dai difensori *alemanni* di un baluardo, alle quali rispondevano con altrettanto valore i francesi o gli italiani schierati su un altro bastione.

Spesso la babele linguistica e le diversità dei costumi portava a inconvenienti che degeneravano in aperto contrasto, col risultato che più di una volta i maltesi dichiararono di non voler combattere assieme ai greci, oppure i tedeschi non gradivano la presenza degli schiavoni e degli albanesi e a loro volta i francesi facevano lo stesso con gli spagnoli e i napoletani. La scarsa coesione di un esercito così composito era una delle cause dello sfaldamento dei vincoli di fedeltà, col risultato che le diserzioni furono numerose. Anche se le principali fonti veneziane dell'epoca ne fanno sporadicamente menzione, le unità arrivavano in campagna già con gli organici ridotti.

Fra i levantini le diserzioni avvenivano con una frequenza maggiore rispetto agli altri, molte volte incoraggiate dai turchi che promettevano ingaggi più alti, o semplicemente per sottrarsi a un destino che non sembrava promettere niente di buono. Entrambe queste cause spinsero nel 1651 il capitano albanese di una compagnia di *carabini a cavallo*, di nome Voino Iuanina, a disertare con tutti i suoi soldati perché *sdegnato d'essere spedito a Candia*. Non furono rari i casi di soldati che militarono per l'uno e l'altro schieramento, proprio come lo stesso Iuanina che, *ritornato nelle grazie della Repubblica*, fu catturato dai turchi nel 1657 e per sfuggire alla schiavitù suggerì di assediare la fortezza veneta di Castelnuovo di Cattaro, offrendosi egli stesso come guida. L'intricata realtà balcanica poteva facilitare scelte così spregiudicate, tuttavia perfino a Creta avvennero diserzioni fra uno schieramento e l'altro. In certe occasioni le diserzioni provocarono la perdita di luoghi strategici, come avvenne nel 1646, quando un'intera compagnia di fanti olandesi con tutti gli ufficiali abbandonò le cisterne dei chiostri fortificati fra Suda e La Canea e passò al campo turco; oppure nel 1667, quando un disertore *alemanno* si offrì di innescare una mina nemica inesplosa. Ma la diserzione giudicata come la più nefasta fu senza dubbio quella dell'ingegnere Andrea Barozzi, veneziano di Candia, accusato dopo la guerra di aver favorito i turchi nella messa a punto di un nuovo sistema di trincee e implacabilmente perseguito dopo la guerra a Istanbul dagli *agenti segreti* veneti, fino a provocarne la morte col veleno nel 1683. Le diserzioni e i passaggi da uno schieramento e l'altro non furono esclusiva del campo veneto e, a parte le migliaia di morlacchi, cimeriotti e mainotti che militarono sotto le insegne di San Marco, nel campo ottomano le fughe di soldati costituirono a lungo un problema. Già durante l'assedio de La Canea, nel 1645, i difensori provarono a stabilire un contatto con alcuni soldati albanesi che combattevano con gli ottomani per indurli a disertare dalla loro parte e fu solo per il timore di rappresaglie contro le famiglie che l'accordo andò a monte. I piani di conquista, messi a punto a tavolino dai ministri compiacenti del sultano, non avevano tenuto conto dei tanti aspetti che resero la guerra di Creta un banco di prova del tutto inedito per la capacità di mobilitazione dell'esercito ottomano.

L'inaspettata battuta di arresto di fronte a Candia mise in luce non solo la difficoltà dei turchi nel mantenere per troppo tempo grandi contingenti in campagna, ma anche i problemi relativi al loro trasporto e all'invio di rifornimenti, col rischio di esporre le truppe a una reazione avversaria in grado di scacciarli dall'isola. Il blocco navale ai Dardanelli condizionò per molti anni il rifornimento di munizioni e viveri, nonché il trasporto dei rinforzi e l'allestimento di nuovi contingenti per la continuazione delle operazioni. Alcuni informatori al soldo della Repubblica riferirono che nel febbraio del 1646 si sarebbero trovati dentro La Canea, da poco conquistata, non più di 7.000 soldati, numero raggiunto costringendo un migliaio di marinai a trascorrere l'inverno sull'isola, e che si erano verificate delle violente proteste per il ritardo delle paghe e per il cattivo trattamento ricevuto.

Lo statuto dei giannizzeri e le prerogative di tutto il corpo dei soldati professionisti stabilivano che i reparti al fronte fossero alternati ogni anno, mentre i contingenti raccolti nelle province potevano

► L'isola di Creta con una veduta di Candia dalla parte del mare, in una stampa del XVII secolo. Nel riquadro in alto sono visibili sulla destra le galee dell'ordine dei Cavalieri di San Giovanni. Malta, al pari del pontefice, sostenne la resistenza veneziana per tutta la durata del conflitto, sia attraverso contributi in denaro che inviando marinai e soldati sui fronti dell'arcipelago e naturalmente a Creta.

The island of Crete with a view of Candia from the sea, in a seventeenth century print. In the upper right are visible the galleys of the Knights of Malta. The order, like the pope, supported the Venetian resistance for the duration of the conflict, both through contributions in money and sailors and soldiers for the fronts in the archipelago and Crete.

tornarsene a casa al termine delle operazioni. Per la campagna del 1646, conclusasi con la conquista di Retimo, furono inviati a Creta 4.000 giannizzeri e altrettanti sipahy, con altri 4.000 fra artiglieri, genieri e scavatori, sbarcați a La Canea fra il marzo e il giugno; molti di loro avevano trascorso mesi interi a bordo delle navi ancorate nei porti della Grecia o dell'Anatolia per sfuggire alla marina veneziana. Ma il tremendo incendio scoppiato a Istanbul nel gennaio del 1646 distrusse in tre ore i quartieri vicino al porto e inferse un grave colpo all'organizzazione per la raccolta di rifornimenti e l'invio di rinforzi. La minacciosa presenza dei legni veneti fuori dagli stretti provocò panico e caos nella popolazione della capitale, provocando il saccheggio dei bazar e la fuga di molti abitanti della capitale verso la sponda asiatica. In Anatolia scoppiarono rivolte contro i governatori locali, che comportavano come principi indipendenti. Dopo ottenuta la conquista de La Canea e di Retimo, i turchi impiegarono più di un anno per avvicinarsi alla capitale e tutta questa prudenza fu dovuta non solo alla tradizionale indolenza ottomana, ma a tutti questi problemi che aggravavano quelli già drammatici, come la scarsità di truppe a disposizione e la penuria di materiali. Prova di questo è che nel 1647 la conquista di obiettivi minori, come i piccoli castelli di Mirabello, Ierapetra e Milopotamo richiese molto più tempo del normale. Nel maggio del 1648, dopo aver impiegato quasi sei mesi per far trasportare nuove truppe a Creta, il serdar Deli Hüseyn schierava 40.000 soldati e 20.000 ausiliari; a sinistra della linea di circonvallazione si trovavano le truppe asiatiche sotto i sançakbeg di Kanghri e di Adana e dalla parte opposta erano accampate quelle europee della Romelia. Le perdite subite nei primi assalti resero urgente l'invio di rinforzi, i quali però giungevano poco alla volta e spesso duramente provati dalla pericolosa traversata; la necessità di nuove forze era talmente alta che nel settembre del 1648 l'arrivo previsto di 462 minatori fu a lungo atteso dal serdar come si trattasse di un soccorso decisivo. La situazione interna iniziava a diventare incandescente e tutti gli attori della vicenda si incolpavano l'un l'altro per

◄ Come tutti gli appartenenti al kapikulu, i giannizzeri osservavano il complesso cerimoniale di corte, che stabiliva regole rigide sull'abbigliamento. Il berrettone *ak börk,* copricapo caratteristico dei giannizzeri, era portato durante il servizio ordinario a corte e nelle parate. Il *kaftan* e la veste *entari* potevano essere di vari colori, sebbene il panno predominante fosse quello turchino, ma in ogni caso le calzature di pelle chiara servivano a identificare i giannizzeri della categoria più prestigiosa degli Yayabegi. (copia da un acquerello di Jacopo Ligozzi, ca. 1600; Firenze, collezione privata)

As members of kapikulu corps, the Janissaries followed the complex court protocol, which regulated strictly the rules regarding the clothing too. The Ak Börk hat, typical of the Janissaries, was worn during the ordinary service at the court and in parade. The Kaftan and the Entari waist could be o various colours, although the more common was turquoise blue. The yellow leather shoes identified the janissaries belonging to Yayabegi category.

il fallimento dell'assedio. Nella capitale il governo non riusciva a ristabilire l'ordine e a mantenerlo per lungo tempo, mentre ormai le accuse fra gli stessi soldati del sultano stavano per deflagrare in lotta aperta. In effetti i cavalieri dei sipahy ulufely, tradizionalmente arruolati fra i paggi e i funzionari di corte, costituivano una casta privilegiata poco incline a sopportare la durezza della campagne di assedio, che perciò ricadeva sui giannizzeri e sugli altri soldati a piedi. La destituzione del sultano Ibrahim I irrigidì ulteriormente la posizione dei sipahy, poco disposti a cedere i loro privilegi, specie adesso che vedevano minacciate le loro prerogative. Prima della fine dell'anno l'esercito fu percorso da un'ondata di violenze mai viste prima, sfociate il 26 ottobre 1648 nel massacro dell'ippodromo, nel quale furono eliminati più di 2.000 sipahy assieme ai loro capi. In preda al furore i turbolenti soldati a piedi del kapikulu chiesero addirittura al gran visir di sciogliere il corpo degli ulufely e di sostituirlo con un nuovo corpo formato da giannizzeri a cavallo. Il disordine portò tuttavia qualche beneficio, poiché a 2.000 sipahy, destituiti in seguito alla sedizione del 24 ottobre, fu concesso il reintegro dopo aver accettato di imbarcarsi per Candia. Per il secondo assalto Hüseyn schierava alla metà di luglio del 1649 30.000 combattenti e 15.000 ausiliari, dei quali un terzo era rappresentato dai lagimçi (minatori). La necessità di trovare volontari che accettassero di partecipare a una guerra in un luogo così remoto, unita alla difficoltà di trasportare i soldati sulle rotte minacciate dai veneziani e dai loro alleati, spinse il governo a ricorrere a ogni mezzo a sua disposizione. Fu il serdar Hüseyn che propose al gran visir Tarhonçu Ahmed di ripartire il territorio dell'isola in 15.150 *zeamet* e *timar* (titoli con rendite fino a 70.000 e 20.000 *akçe* rispettivamente) da assegnare ai volontari che accettavano di partecipare alle campagne di guerra e in seguito di trovare un sostituto a cavallo perfettamente equipaggiato. La ripartizione del territorio avrebbe lasciato praticamente senza alcun beneficio il tesoro statale, ma in definitiva si rivelò un metodo utile, con la quale si riuscì a mantenere una guarnigione di 12-13.000 soldati per garantire il possesso di quanto fino allora conquistato.
Questi *sipahy di tributo* potevano affiancare all'occorrenza la guarnigione formata dai soldati del kapikulu che si trovavano nel campo fortificato di Yeni Kandie. L'impero ottomano cercò altri soldati fra le popolazioni che tradizionalmente fornivano mercenari da ingaggiare a tempo determinato. Già nel primo anno di guerra si affiancarono alle milizie dei governatori delle province vicine alla Dalmazia

Guarnigioni a Creta, 1645-47
1: ufficiale di fanteria olandese
2: moschettiere provisionato
3: cavalleria feudata
4: provveditore veneziano
3
4
1
2

TAVOLA A

Dalmazia e altri fronti, 1647-64
1: corazza italiana, 1650-60
2: morlacco, seconda metà XVII secolo
3: cappelletto a cavallo, metà XVII secolo
4: fante albanese, ca. 1660

TAVOLA B

Guerra di logoramento, 1648-55
1-3: fanteria francese, picchiere, moschettiere e sottufficiale, 1648-49
4: fante greco, 1655

TAVOLA C

La mina, 1667-69
1: ingegnere
2: soldato
3-4: minatori

TAVOLA D

molti bosniaci e albanesi; nel 1648 furono arruolati 5.000 *arnauti* (fanteria irregolare albanese e bosniaca) per reprimere le sollevazioni di Scutari e di Durazzo, quindi nel 1651 il gran visir aumentò i premi di ingaggio per formare reparti di confinari con i quali respingere le incursioni dei morlacchi al soldo dei veneziani. Nello stesso anno furono rimossi anche alcuni comandanti del kapikulu, accusati di inefficienza e nepotismo, come avvenne con l'aga dei giannizzeri *Momie* Hüseyn (ovvero Hüseyn la mummia). Nel 1652 furono inviati per un servizio di tre anni a Creta altri 2.000 sipahy del kapikulu, quindi si cercarono truppe negli stati barbareschi di Tripoli, Algeri e Tunisi, non solo per affiancare la malridotta marina del sultano, ma anche per formare reparti di fanteria da impiegare nell'arcipelago e soprattutto a Candia. Il bisogno di uomini per la guerra costrinse il governo a misure insolite, come avvenne nel gennaio del 1649 quando al famigerato capo dei briganti anatolici Haideroglu fu offerta la grazia se avesse accettato di partire con i suoi uomini per Creta. Questo tipo di offerte non era del resto riservato ai soli malviventi, ma fu proposto anche ai seguaci dei governatori ribelli caduti prigionieri dei lealisti dopo le battaglie di Karahisar dell'ottobre del 1648 e di Boulgourlü del luglio successivo. La svolta definitiva che permise di avviare il riordinamento dello stato e del disastrato esercito turco avvenne nel 1656, quando salì al trono il gran visir Köprülü Mehmed. Sotto di lui si applicarono sanzioni ai governatori che non rispettavano gli *osür*, mentre ogni forma di insubordinazione fu punita con il massimo della pena. La rotazione delle truppe che formavano il contingente di fronte a Candia iniziò a essere eseguita ogni tre anni e numero dei soldati aumentato a 6.000 fra giannizzeri, cebeci e artiglieri. Il gran visir procedette a una drastica riforma degli stati maggiori del kapikulu e dei governatori delle province e anche se dovette affrontare rivolte in Egitto e in Siria, perseguì ostinatamente i suoi scopi per restituire all'impero la sua antica potenza. Nonostante la guerra contro Venezia, il gran visir non esitò a intervenire in Transilvania contro

► Un disegno di Quinto Cenni, raffigurante un ufficiale e un picchiere pontifici databili fra il 1665 e il 1670, mostra le caratteristiche più aggiornate dell'abbigliamento militare di quegli anni. Il giustacorpo ha assunto la forma e le dimensioni tipiche che manterrà anche in seguito, mentre permangono alcune diversità nella foggia dei calzoni: all'ultima moda quelli alla Ringraeve del personaggio a sinistra e ampi e più tradizionali quelli del soldato a destra.

A drawing of Quinto Cenni, depicting a Papal officier and a pikeman dated between 1665 and 1670, shows the features of the latest military dress of those years. The coat has the shape and the typical size that will keep even after, while there remain some differences in the styles of breeches: 'Ringraeve' style for the officer on left and broader and more traditional than the other one on right.

◄ Gli ottomani disponevano di una struttura militare molto composita comprendente un gran numero di reparti ad hoc, come quello degli incursori dely della cavalleria serrhadkulu.Questi corpi di confinari erano strutturati in raggruppamenti di una quarantina di uomini, adibiti alla perlustrazione dei confini e acquartierati nelle fortezze vicine alla frontiera. (copia da un acquerello di Jacopo Ligozzi, ca. 1600; Firenze, coll. privata)

The Ottomans deployed a composite military establishment, including several special corps, like the Dely raiders of the Serrhadkulu cavalry. These borderers units were organized in troops of 40 horses, employed in recognition duties and garrisoned in the strongholds near the frontier.

il gran principe Rackoczy e successivamente contrastò le mire asburgiche su quella regione, non temendo di aprire un secondo fronte di guerra. Si cercò con tutti i mezzi di aggirare il blocco veneto dei Dardanelli facendo partire le truppe e i rifornimenti dai porti di Smirne, Alessandria d'Egitto e dagli Stati nordafricani. Per respingere le temute incursioni veneziane sulla costa dell'Anatolia, il gran visir chiamò alle armi 50.000 *riservisti* del serhaddkulu e fece realizzare nuovi forti negli stretti e sulla costa per impedire gli sbarchi nemici. Quando successe al padre, Köprülü Ahmed trovò una macchina militare in condizioni certamente migliori di quella dei suoi predecessori, tuttavia restava ancora molto da fare. La guerra contro gli Asburgo del 1663-64 gli aveva fornito una preziosa esperienza nella conduzione di grandi eserciti e si rivelò utile per selezionare un buon numero di ufficiali preparati, molti dei quali il gran visir volle al suo fianco durante l'assalto finale a Candia. Le ultime campagne furono pianificate con grande cura, cercando di trasportare con molto anticipo tutti i materiali occorrenti per la ripresa dell'assedio. Per infondere coraggio fece distribuire denaro alle truppe e donò a tutti gli ufficiali dei *kaftan* d'onore, fatti arrivare nel numero di trecento appositamente da Istanbul. I primi vascelli erano approdati a La Canea già prima della fine del 1666. Il 3 novembre era sbarcato un corpo di 4.000 giannizzeri e cebeci assieme allo stesso gran visir Köprülü Ahmed; quindi a gennaio, nonostante la costante minaccia delle galee veneziane, erano sbarcati il contingente egiziano, guidato dal beg Ramazan, seguiti altri legni con soldati, munizioni e generi di ogni tipo. Alla metà di aprile altri rinforzi approdarono a Creta artiglierie e munizioni a bordo dalla flotta del Kapudan pashà Kaplan Mustafa. A quel punto l'armata contava circa 40.000 soldati e altri 18.000 erano gli artiglieri, i guastatori e i minatori. Alla metà di giugno, dopo che altri rinforzi erano giunti quasi ininterrottamente da ogni parte dell'impero, a volte a bordo perfino di navi francesi e inglesi, Köprülü poteva schierare più di 70.000 uomini di tutte le specialità con oltre 300 bocche da fuoco. Lo sforzo tremendo sostenuto degli assedianti consumò in un tempo relativamente breve quantità immense di materiali di ogni tipo. Nel 1667 furono impiegate da parte ottomana 20.000 tonnellate di polvere da sparo, salite a quasi 30.000 l'anno successivo, per arrivare quasi a raddoppiare nel 1669 negli ultimi otto mesi di combattimento.

Il pessimo stato delle vie di comunicazione non facilitava il trasporti di rifornimenti fra La Canea e il

campo turco, pertanto fra l'inverno del 1667 e la primavera successiva i turchi fortificarono un approdo a quattro leghe di distanza da Candia, a cui diedero il nome di porto Çanakliman; ma i veneziani scoprirono il piano di Ahmed e il provveditore Lorenzo Cornaro fece incrociare costantemente sette galere all'ingresso della baia, impedendo lo sbarco di rifornimenti in quel luogo. I rinforzi continuarono arrivare nel corso del 1667 con Husseyn Pasha, beg di Ofen e col beglerbeg di Sivas, che prima della fine dell'anno portarono nuovi contingenti a Creta.
Ai primi del 1668, per ovviare alla scarsità di proiettili per l'artiglieria, Ahmed fece fondere venti grandi cannoni e dieci mortai, realizzati secondo i calibri veneziani in modo da riutilizzare i 30.000 proiettili sparati l'anno prima dai difensori. A primavera il gran visir poteva schierare 20.000 uomini di cui solo 14.000 erano i soldati ma, con l'inizio dell'estate, il flusso di rinforzi e rifornimenti riprese a crescere e prima della fine di giugno fecero ingresso nelle trincee un migliaio fra giannizzeri e sipahy egiziani, 800 giannizzeri dalla Rumelia, 1.500 cebeci, 1.000 artiglieri, 1.000 fra guastatori e minatori armeni, 500 sipahy siriani e 4.000 sipahy toprakly provenienti da tutte le province dell'impero. Assieme a queste truppe giunsero anche 20.000 quintali di polvere da sparo, 15.000 bombe da mortaio, 80.000 proiettili per cannoni di calibri compresi fra 40 e 80 libbre, 20.000 granate, 600 sacchi di micce per moschetti e ancora pellami, piombo, ferro, legname e utensili di ogni tipo, poiché la guerra aveva divorato tutto e ogni materiale per alimentare la lotta doveva essere trasportato da fuori. Anche gli Stati barbareschi, sollecitati l'anno prima dal gran visir, contribuirono a trasportare rinforzi e materiale agli assedianti. Nel 1668 le navi tripoline trasportarono da Smirne a La Canea 4.000 *okka* di grasso, 1.000 *okka* di olio di oliva e altrettante di aceto, 3 tonnellate di frumento, 1.000 *okka* di panna oltre al biscotto necessario all'esercito e agli equipaggi delle navi per 4 settimane. La prova di forza ostinatamente condotta dal gran visir prevalse alla fine sul coraggio ammirevole dei veneziani, incapaci di impedire l'afflusso dei rifornimenti e impedire che si compisse il destino della città.

► Nel monumento funebre del conte Josias von Waldeck, comandante del corpo di truppe del Braunschweig-Lüneburg a Creta, compaiono alcune figure di soldati e ufficiali risalenti all'assedio di Candia, dove lo stesso conte perse la vita assieme a 1.680 soldati del contingente inviato dal duca Georg Wilhelm. (Richard Knoetel, Die Grosse Uniformenkunde; Rathenow, 1890)

In the tomb monument of Count Josias von Waldeck, commander of the Brunswick-Lüneburg corps in Crete, appear some figures of privates and officers dating back to the siege of Candia, where the count was killed along with 1,680 soldiers of the contingent sent by Duke Georg Wilhelm.

L'ultima difesa, 1668-69
1-2: venturiere francese e servitore
3: picchieri di un reggimento italiano
4: granatiere alemanno

TAVOLA E

I primi assalti, 1645-48
1: corbaçi, ufficiale dei giannizzeri
2: giannizzero in tenuta da combattimento
3: fanteria kapikulu all'assalto

TAVOLA F

Artiglieria e specialisti, 1655-65
1: pasha
2-3: lagimçi minatori e musellim scavatori
4: topçu, artigliere

TAVOLA G

La trincea, 1667-69
1-2: fanteria serrhadkulu, tufekçi azab
3: sipahy toprakly, zeamet
4: fanteria kapikulu; cebeci

TAVOLA H

TAVOLA I

▲ **Due bandiere di fanteria appartenute a unità sconosciute**. La forma rettangolare suggerirebbe un impiego marittimo, tuttavia la fonte da cui provengono le indica come insegne per le truppe di terra. La prima bandiera reca lo stemma della famiglia Gritti. (copia di acquerelli della raccolta Bassan, Venezia; metà del XVII secolo)

Two Venetian infantry flags of unknown units. From the Bassan collection of Venezia.

▼ Ogni orta dei Giannizzeri era contrassegnata da un numero e più o meno tutte parteciparono al conflitto, ma solo in pochi casi si conosce quali di esse combatterono a Creta. Nella storia dell'Impero Ottomano di Johann von Hammer sono citate sei orta che avrebbero con certezza combattuto a Candia nel 1648. Ogni unità disponeva di un'insegna impiegata per indicare il proprio accampamento e questa poteva essere costituita da una bandiera o da simboli disegnati sulla sommità della tenda del comandante. (ricostruzione da Marsigli, Stato Militare dell'Imperio Ottomanno; Amsterdam, 1732)

Each Janissaries 'orta' was marked by a number and more or less the whole corps was involved in the war, but only in a few cases we know which units fought in Crete. In the history of the Ottoman Empire by Johann von Hammer are mentioned six ortas with certainly fought in the siege of 1648. Each unit had a sign to indicate their tents, and this could be either a flag or symbols drawn on the top of the commander pavilion.

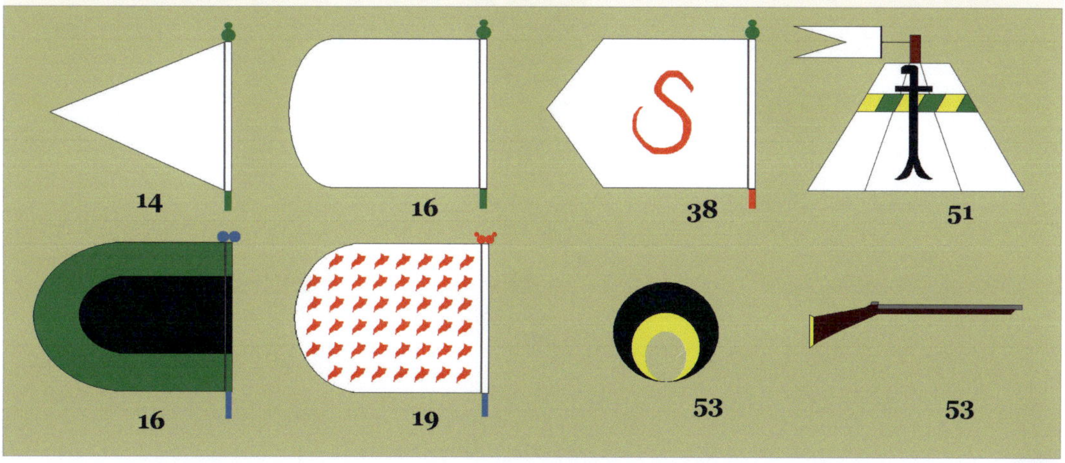

TAVOLA L

LA GUERRA D'ASSEDIO

Il conflitto di Candia fu contrassegnato da un gran numero di combattimenti tanto sul mare che sui diversi fronti di terra, talvolta culminati in azioni combinate terrestre e navali. Quest'ultimo tipo scontri, diretta conseguenza della strategia navale dei contendenti, costituì una novità nel *warfare* del XVII secolo, perfezionando ulteriormente le tattiche introdotte dagli olandesi alla fine del Cinquecento; invece le uniche vere e proprie operazioni campali si concentrarono negli assedi, culminati con i 28 mesi finali di assalti a Candia. Gli scontri in campo aperto furono molto rari e - eccettuate quelle avvenute nel 1660 e nel 1666 al tempo degli sbarchi veneti - non si combatterono mai vere e proprie battaglie. Dopo gli sbarchi lo scontro terrestre più importante avvenuto a Creta fu quello del 19 giugno 1647 a Messarea, quando i veneziani con 700 uomini di cavalleria e 200 fanti albanesi, rinforzati da 2.000 paesani delle campagne, assalirono l'accampamento dell'avanguardia - assai più numerosa - dell'armata ottomana in marcia verso Candia. Lo scontro si risolse in una sconfitta per i veneti, che da quella data concentrarono ogni velleità offensiva nelle sortite dalla città assediata. Altre azioni di guerra in campo aperto avvennero in Dalmazia e in Bosnia nel contesto dei principali assedi condotti fra il 1646 e il 1649 ma, fatta eccezione per lo scontro avvenuto sotto Knin nel marzo del 1654, che coinvolse in tutto 5.140 veneti e circa 11.000 ottomani, gli assedi rappresentarono i maggiori episodi di guerra anche su qual teatro e per gli altri scontri si trattò di semplici *fazioni*, se non addirittura di scorrerie, saccheggi e incursioni condotte da piccoli contingenti di cavalleria e di fanteria sugli aspri terreni di quelle regioni.

L'esperienza di Creta consentì all'esercito turco di ottenere considerevoli progressi nella guerra di assedio, tali da superare sotto molti aspetti le conoscenze in possesso dell'occidente. Un primo vantaggio per gli ottomani consisteva nella produzione di artiglierie di grandi calibri, una tradizione già consolidata ai primi del secolo e sebbene queste fossero meno precise di quelle degli avversari, lo handicap influiva poco nel bombardamento delle fortificazioni di una città. Ma il progresso più evidente in fatto di assedi fu quello ottenuto dai genieri ottomani, che furono i primi ad impiegare, sebbene ancora in modo imperfetto, la tecnica delle parallele. Con ciò non si deve dedurre che essi siano stati gli ideatori di questo sistema d'approccio, perfezionato autonomamente dal grande ingegnere francese Vauban, che lo fece realizzare la prima volta davanti a Maastricht nel 1673 e poi nella regolare distribuzione su tre ordini ad Ath nel 1697. Non è però improbabile che i resoconti sull'assedio di Candia abbiano fornito a Vauban l'intuizione determinante per lo sviluppo delle parallele,

► **Christoph Martin von Degenfeld** fu uno dei capitani agli ordini del provveditore generale della Dalmazia Lunardo Foscolo, sotto il quale diresse con successo la difesa di Sebenico nel 1646. Degenfeld fu insignito del titolo di generalissimo delle armi di Dalmazia e Albania per l'ottimo servizio prestato e come riconoscenza alla sua famiglia, la quale fornì molti ufficiali alla Repubblica dei Venezia. (Museo Correr, Venezia)

***Christoph Martin von Degenfeld** was one of the captains under the command of the general procuratore Lunardo Foscolo, under which he directed the successful defense of Sibenik in 1646. Degenfeld was awarded the title of generalissimo delle armi of Dalmatia and Albania for the excellent service provided and in recognition of his family, which provided many officers to the Republic of Venice.*

◄ **Arruolamento di mille fanti per soccorrere la Serenissima Repubblica di Venezia.** L'arruolamento di soldati per conto della Repubblica coinvolse molti Stati italiani, i quali accordarono sia le capitolazioni di interi reggimenti che le patenti di reclutamento per assoldare volontari nei propri territori. Fra i più solleciti a fornire soldati a Venezia vi furono Parma e Piacenza, lo Stato Ecclesiastico, Modena e la Savoia.
(incisione di anonimo da L'idea di un Principe et Heroe Christiano; Modena, 1659)

'Recruitment of a thousand infantrymen to help the Republic of Venice'. The recruitment of soldiers for the Republic involved many Italian states, who agreed for the capitulation of complete regiments or recruiting volunteers to their own territories. Among the most eager to provide soldiers for Venice there were Parma and Piacenza, the Pope, Modena and Savoy.

ma resta poco credibile che questa tecnica fosse stata insegnata ai turchi dal veneziano Andrea Barozzi, l'ingegnere che nel 1667, in odio alla patria, disertò nel campo nemico. Prima di allora, per avvicinarsi alle opere nemiche, i turchi usavano semplici trincee d'approccio, rettilinee o tortuose a seconda della conformazione del terreno. Durante i primi assedi intrapresi sull'isola le trincee si tracciavano già parallele al fronte d'attacco, per dare copertura alle truppe, ma senza nessuna regola prestabilita e così risultavano arbitrariamente dritte o tortuose. Per procedere alle successive parallele si costruivano altri approcci indifferentemente lineari, tortuosi oppure a zig zag. Per ogni opera attaccata si costruiva un sistema di parallele che infine si collegavano fra loro. Per contro non si conosceva ancora il metodo di proteggere i fianchi col ripiegamento all'indietro degli approcci. Le trincee realizzate nei primi anni di guerra si presentavano particolarmente strette e poco profonde rispetto agli standard occidentali, poi si realizzarono approcci larghi fino a 3,5/4 metri con una profondità di 2,5/3 metri, e in seguito anche di dimensioni maggiori. L'esecuzione dei lavori di terra non era affidata alle truppe combattenti propriamente dette, bensì a riparti di zappatori - i *musellim* - affiancati da volontari e da altri salariati reclutati sul luogo. I soldati prendevano possesso delle trincee in un secondo tempo per organizzarne

► Le fortificazioni de La Canea (Chania) erano sorte attorno al castello eretto nel punto più elevato rispetto al porto. La cinta muraria attorno alla città seguiva le linee generali proposte verso il 1540 da Michele Sanmicheli, contraddistinta da cortine brevi e poco spesse. I tre lati delle mura verso la terraferma si collegavano ai quattro baluardi: San Salvatore a nordovest; San Dimitri a sudovest; Santa Lucia a sudest; Sabbionera o Mocenigo a nordest. A metà della cortina in direzione sud fu collocata un'ampia piattaforma pentagonale. Quattro cavalieri furono realizzati a metà circa di ogni cortina e altri due grandi cavalieri circolari munivano l'ingresso dei baluardi di Santa Lucia e di San Dimitri. All'esterno delle fortificazioni sembra sorgessero due mezzelune a difesa della porta di Retimo e della cortina occidentale. Molti osservatori descrissero le fortificazioni mettendone in evidenza i difetti, quali i baluardi troppo stretti e acuti, i fianchi scoperti, le fosse troppo anguste e i cavalieri troppo sottili, ma soprattutto per il fatto che il terreno circostante si trovava a un livello superiore rispetto alla città. Sul lato opposto a quello rivolto alla campagna si trovava il porto con l'arsenale, che – nonostante ne venissero continuamente messi in evidenza i difetti – era uno dei più importanti scali veneziani in tutto il mediterraneo orientale. Nel 1645 la guarnigione comprendeva 800 soldati italiani e oltramontani con un centinaio di miliziani, cui si aggiunsero altri 270 uomini fra soldati e cernide e 100 monaci armati. La resistenza non durò a lungo e la città si arrese il 22 agosto del 1645 dopo 54 giorni di assedio. (Illustrazione dal Theatrum Europeum, Francoforte sul Meno,1670)

The fortifications of La Canea (Chania) were built around the castle on the highest point in relation to port. The walls around the city followed the general outlines traced in 1540 by Michele Sanmicheli, characterized by short and not very thick curtains. The three sides of the walls were connected to the mainland through four bastions: San Salvatore in northwest, San Dimitri in southwest, Santa Lucia in southeast, and Sabbionera or Mocenigo in northeast. Outside the fortifications seems there were two 'half moons' to defend the gate of Rethymnon and the western curtain. Many observers described the fortifications pointing out the flaws, such as the bastions too narrow and acute, the undefended sides and especially the fact that the surrounding land was at a level above the town. On the opposite side facing the campaign was the harbor with the arsenal, which - although several flaws - was one of the major ports all over the Eastern Mediterranean. In 1645 the garrison numbered 800 Italian soldiers and 'Ultramontani' with hundred militiamen, who were later joined by another 270 men and 100 armed monks. The resistance did not last long and the city surrendered 22 August 1645, after 54 days of siege.

la difesa, ma in seguito fu necessario affiancare i genieri con altri soldati per contrastare le sortite venete, che irrompevano nelle trincee senza incontrare resistenza. Il problema divenne evidente già nel 1645 davanti a La Canea, con la sortita effettuata dai difensori nella tarda serata del 17 luglio e fu solo perché l'azione venne eseguita per facilitare l'ingresso in città dei rinforzi, che gli approcci subirono danni limitati. Quattro anni dopo a Candia, una sortita effettuata da una singola compagnia di greci del reggimento di Marco Lombardo, assalì le trincee turche davanti al forte di San Demetrio, ne scacciò i genieri turchi e portò via tutti gli attrezzi. L'occupazione delle trincee era affidata ai giannizzeri e alle altre truppe a piedi, le quali, preso possesso di un dato settore, vi si stabilivano stabilmente costruendo nelle pareti delle trincee ricoveri per gruppi di sei uomini, che servivano da alloggiamento. Nonostante a Candia il terreno di fronte al forte di San Demetrio fosse prevalentemente roccioso e quello sul lato opposto, cioè a Sabbionera, argilloso e friabile, in quei settori i turchi realizzarono approcci con fascine, gabbioni e sacchi sabbia, con i quali costruivano di volta in volta degli ingegnosi ripari, seguendo lo schema delle normali trincee. Appena le opere difensive mostravano brecce sufficienti per essere scalate, i turchi lanciavano assalti guidati da manipoli di volontari armati solo di sciabola o pugnali i quali precedevano la fanteria che, a sua volta, dopo aver eseguiva una scarica generale, avanzava il più velocemente possibile contro l'obiettivo. Nel corso del secondo assedio a Candia, iniziato nel luglio del 1649, si escogitarono altri tentativi per superare le difese avversarie. Il 27 luglio gli approcci turchi erano arrivati vicino all'opera a freccia fuori dalla corona di Santa Maria e circa 500 soldati, ognuno con un sacco di terra, balzarono fuori dalle trincee e li gettarono uno sopra l'altro sopra la palizzata, così da formare in breve tempo un *trincierone* altissimo che dominava la freccia.
Molti dei contingenti di cavalleria provenienti dall'Anatolia si presentarono alla prima campagna con l'equipaggiamento tipico dei guerrieri asiatici. Ovviamente l'arco e le frecce si dimostrarono poco utili contro i bastioni e così, già all'assedio di Retimo, le armi da fuoco iniziarono a rimpiazzare gli armamenti più obsoleti. In molte occasioni gli ottomani si dimostrarono particolarmente insidiosi come

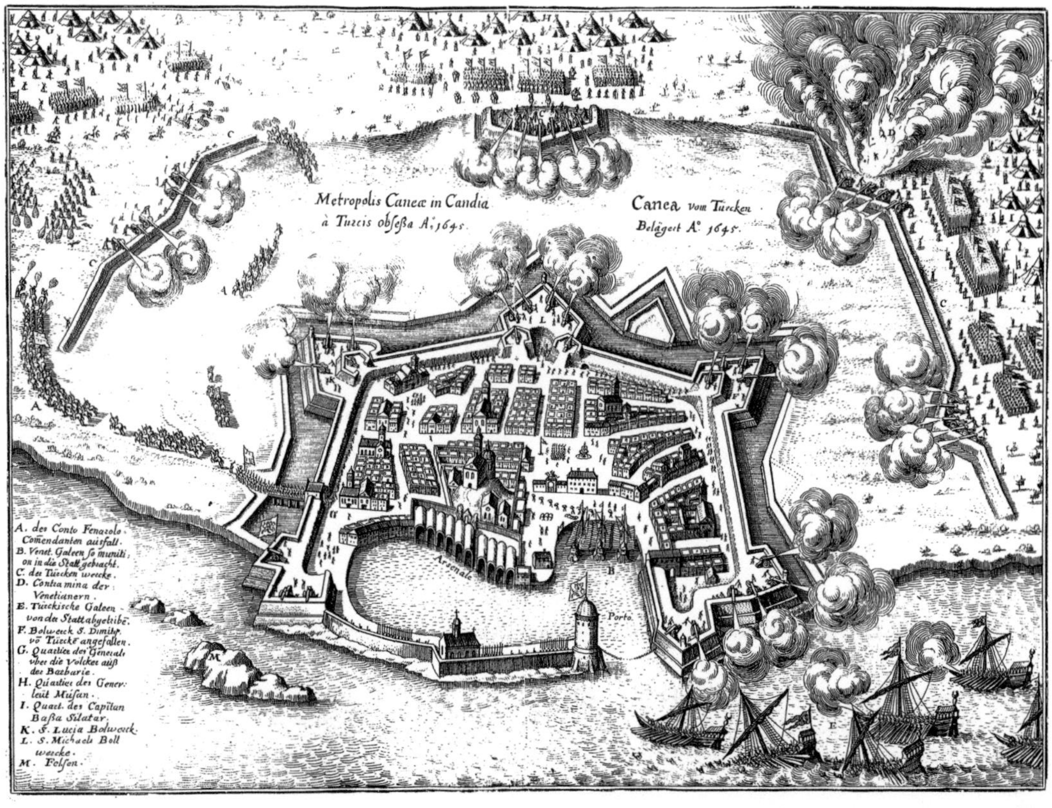

HISTORIA
Dell'Vltima Guerra
TRA'VENEZIANI, E TVRCHI
Di
GIROLAMO BRVSONI
Nella quale si contengono i successi delle passate Guerre nei Regni di CANDIA, e DALMAZIA,
Dall'Anno 1644. fino al 1671.
DEDICATA
All'Illustriss. ed Eccellentiss. Sig. il Sig.
GEORGIO MOROSINI
Caualiere, e Procuratore di S. Marco.
IN VENEZIA, Presso Stefano Curti. M.DC.LXXIII.
Con Licenza de' Superiori, e Priuilegio.

▲ Assieme alle opere di Battista Nani e di Andrea Valiero, *la Historia* di Girolamo Brusoni è la più importante fonte stampata sulla guerra di Candia. Nei 25 libri di cui si compone l'opera sono trattate molto dettagliatamente le vicende accadute nei 24 anni di guerra, sebbene restituite secondo l'ottica veneziana. Mentre le opere di Nani e Valiero sono più incentrate sugli aspetti politici e diplomatici del conflitto, Brusoni dedica molta parte della narrazione agli episodi bellici, spesso accompagnati da relazioni ufficiali veneziane e alleate. (Venezia, collezione privata).

Together the works of Battista Nani and Andrea Valier, the 'Historia' of Girolamo Brusoni is the most important printed source on the war of Candia. The 25 books of the work deals in great detail the events that happened during the 24 years of war, though returned from a Venetian perspective. While the works of Nani and Valier are more focused on political and diplomatic conflict, Brusoni devotes much of the narrative to the fighting, often accompanied by official reports from Venetians and Allied commanders.

tiratori, sfruttando i ripari offerti dalle trincee o dalle altre difese.

Una delle tattiche preferite consisteva nel posizionare un certo numero di fucilieri ben nascosti a pochi metri dalle postazioni avversarie per bersagliare quelli che incautamente si sporgevano dai parapetti.

Quel metodo permise di colpire alla testa molti difensori e nel luglio del 1648 i tiratori turchi uccisero a questo modo il generale napoletano Vincenzo della Marra, da poco nominato comandante a Candia; un anno dopo misero a segno un analogo centro colpendo nel *petenecchio* il generale Rodolfo Colloredo.

Per il collocamento delle batterie i turchi non seguivano regole fisse. All'epoca nessuno e tantomeno gli ottomani aveva ancora sperimentato il tiro a rimbalzo e quindi esistevano poche limitazioni nella scelta dei settori dove piazzare le artiglierie, limitandosi semplicemente a cercare i luoghi più elevati. Nel Seicento gli artiglieri cercavano di ottenere la superiorità di fuoco mediante il numero di pezzi e la disponibilità dei grandi calibri; i turchi attribuivano particolare importanza a questo risultato soprattutto negli assedi. Per assicurarsi il vantaggio, dove il terreno non offriva punti dominanti, si costruivano dei cavalieri con batterie composte dal maggior numero di pezzi possibile. Impiegando grandi contingenti di scavatori si erigevano cavalieri di grandi dimensioni e in tempi ragionevolmente brevi. A Candia, nel 1667 fu realizzato un grande cavaliere sulla spiaggia orientale per ospitare una batteria con la quale colpire il porto, impiegando otto mesi di lavoro e un migliaio di operai. Durante gli assedi gli artiglieri turchi tendevano a spingere i cannoni molto vicino alle fortificazioni, avanzando a scaglione fino a esporsi del tiro della moschetteria avversaria; per questo a La Canea coprirono l'avanzata con il fumo di *fuochi di mirabile artificio*, eressero falsi accampamenti e collocarono bande di strumenti con tamburi per sviare il tiro dei difensori. In quell'occasione gli ottomani piazzarono una batteria di tre *cannoni grossi* a poca distanza della porta Retimiota sul lato orientale della città, senza però riuscire a provocare seri danni, quindi costruirono due fortini, di cui uno presidiato dai barbareschi di fronte alla porta di Sabbionera sul lato occidentale, per fornire un riparo agli artiglieri. Altre batterie ravvicinate furono allestite davanti al baluardo di Sant'Atanasio e al cavaliere di San Dimitri e infine una terza batteria venne posizionata di fronte alla mezzaluna di San Costantino, con la quale bersagliavano senza sosta la via di accesso alla porta di Retimo.

A Candia gli assedianti riproposero questa tattica durante il primo assalto alla città iniziato nel maggio del 1648, quando riuscirono a trascinare due cannoni a poche decine di metri dalla punta del baluardo del Gesù, per bersagliare gli spalti e fornire copertura ai genieri che avanzavano verso la palizzata nella fossa. Verso la fine dell'assedio gli ottomani impiegarono un numero crescente di mortai di grande calibro per sparare dentro la città; si impiegarono anche proiettili esplosivi e altri ordigni incendiari, utilizzando palle di metallo cave il cui utilizzo era sempre molto rischioso e causa di frequenti incidenti. Tuttavia rimaneva difficile, per la scarsa precisione del tiro, ridurre al silenzio l'artiglieria avversaria e l'attaccante, pur con il continuo impiego dei cannoni, della fucileria e delle granate a mano, riusciva ad avanzare solo lentamente e a costo di perdite elevate. Gli artiglieri ottomani sperimentarono in ritardo il tiro in breccia e per provocare i crolli delle opere avversarie si concentrarono fin dall'inizio con il lavoro di mina. La prima mina della guerra di Creta esplose a La Canea il 7 agosto 1645 sotto il baluardo di San Demetrio; due ani dopo, a Candia, la prima mina brillò il 15 giugno contro la corona di Santa Maria, settore dove si concentrarono gli attacchi più violenti e nel quale i turchi riuscirono a penetrare ai primi di luglio. Mentre a La Canea i difensori disponevano di poche gallerie di contromina, a Candia avevano predisposto un'efficiente rete sotterranea che ostacolò moltissimo i minatori turchi. Le mine ottomane erano generalmente a polvere, ma talvolta si servivano, come nel medioevo, di un altro mezzo consistente nel praticare scavi alla base dei muri da brecciare, puntellarli con legname, e quindi produrre il crollo dopo aver dato fuoco all'impalcatura. Le mine non si impiegarono solo per l'apertura della breccia, ma si estesero in modo tale da generare una vera e propria guerra sotterranea, culminata negli ultimi tre anni dell'assedio. Dalla primavera del 1667 all'autunno del 1669 brillarono a Candia 1.364 mine e nelle gallerie sotto terra avvennero più di 40 combattimenti di grandi proporzioni. Nei cunicoli i difensori arrivarono a schierare fino a 3.000 uomini, di cui 800 organizzati in vere e proprie squadre d'ascolto, che spiavano costantemente i minatori nemici, si dirigevano loro incontro col proprio lavoro e cercavano di tagliare le gallerie, di distruggerle con le contromine o di sommergerle con l'acqua. I veneziani sventarono in questo modo moltissime mine avversarie, ma ogni volta turchi ricominciavano il lavoro per avvicinarsi agli obbiettivi da un'altra direzione, oppure scavando ancora più in profondità. Nel 1672 il capitano Johann Scheither calcolava nella sua *Novissima Praxis Militari* che in tal modo uno stesso strato di terreno venne scavato più di quaranta volte dalle due parti. Nei primi anni dell'assedio si era raggiunta una profondità di 2/3 metri, poi nel 1668 si considerò normale scendere a oltre venti metri sotto terra; profondità raggiunta con relativa facilità grazie alla stagione secca e al terreno *tenero alla zappa* nei settori distanti dal mare. La carica delle mine turche era sempre potente, per ottenere l'effetto più dirompente possibile; a seconda dell'obiettivo da colpire si partiva da 10/15 botti di polvere fino a oltre 60. Per regolare la carica sull'effetto che si voleva raggiungere non esisteva una regola prestabilita e ogni minatore agiva secondo il suo criterio. Nel campo ottomano i minatori più abili erano ritenuti gli armeni, che in effetti dimostrarono in più di un'occasione grande perizia anche a giudizio degli avversari.

Se i turchi raggiunsero grandi progressi nella guerra di mina e in genere nell'arte di assediare le fortezze, le contromisure messe in pratica dai veneziani furono per molti versi ancora più innovative. Le diverse esperienze vissute nel corso del conflitto spinsero i difensori a introdurre metodologie differenti a seconda dei casi, dando un notevole impulso alla messa a punto di tattiche adattate alla nuova realtà della guerra di assedio. La forte presenza di trincee e di altre difese preparate dette impulso allo sviluppo delle armi più adatte per la distruzione di queste opere; si formarono così manipoli di soldati addestrati ed equipaggiati per l'utilizzo di ordigni esplosivi, che portarono alla creazione di vere e proprie squadre di granatieri. La presenza di soldati equipaggiati di granate iniziò a farsi rilevante a partire dagli anni Cinquanta, fino a diventare negli ultimi tre anni del conflitto un elemento stabile del dispositivo difensivo, schierando nelle sortite 1 granatiere ogni 10 moschettieri. Anche da parte ottomana si impiegarono ordigni maneschi e proiettili esplosivi da scagliare contro le difese avversarie. E' opinione diffusa che i veneziani siano riusciti a ritardare la caduta di Candia effettuando vittoriose sortite per togliere ai turchi il possesso delle trincee. In realtà, a parte le grandi sortite effettuate negli ultimi due anni dell'assedio, i difensori non lanciarono quasi mai assalti di grandi dimensioni; questo non tanto per risparmiare la vita dei propri uomini, ma perché l'intricato reticolo delle trincee scavate dai turchi ostacolava moltissimo la manovra e rendeva quasi impossibile l'utilizzo della cavalleria; lo stesso Francesco Morosini si dichiarò più volte contrario a lanciare sortite di grandi dimensioni. La maggior parte delle sortite effettuate dai veneziani avvenne quasi sempre per distruggere i progressi degli assedianti e consistevano nell'assalto combinato di

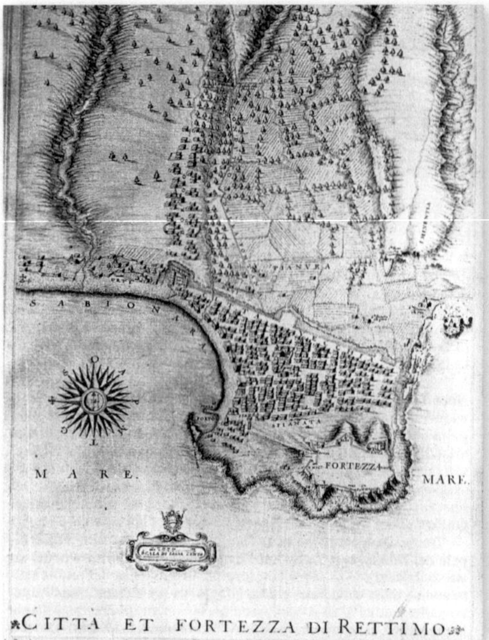

▲ **A differenza di Candia e La Canea a Retimo (Rethymno)** esisteva una netta contrapposizione tra abitato civile e installazioni militari. La piazza era descritta dal provveditore Luca Michiel come "città misera e desolata" e si era sviluppata attorno a una collina rocciosa su cui sorgeva un castello di origine bizantina, trasformato in una cittadella fortificata verso il 1540 su iniziativa di Michele Sanmicheli. La città subì notevoli danni durante l'invasione condotta da Ulug Ali nel 1571, così che due anni dopo fu necessario costruire una nuova cinta. Il progetto di costruzione delle nuove fortificazioni, opera di Sforza-Pallavicini, seguì uno schema molto semplice con quattro baluardi principali, tre sporgenze angolari e con tratti rettilinei, una porta principale a levante e altre due minori a ponente e a nord. Alcuni cavalieri, le caserme, la residenza del comandante, i depositi della polvere da sparo e per le armi completavano la struttura militare della fortezza. Le opere furono rinforzate alla vigilia dell'assedio turco del 1646, ma la città resistette soltanto per 24 giorni. Il presidio era formato da circa 600 soldati italiani, francesi, corsi e olandesi. (Archivio degli autori)

Respect Candia and La Canea, at Retimo (Rethymno) there was a major contrast between civilian buildings and military installations. The place was described by the 'provveditore' Luca Michiel as "miserable and desolate city ". The city suffered considerable damage during the invasion led by Ulug Ali in 1571, so that after two years was necessary to build a new curtain. The project for new fortifications, designed by Sforza Pallavicini, followed a very simple scheme with four main bastions, three angular projections, a main gate to the east and two other minor gates in the west and north side. The works were strengthened before the Turkish siege of 1646, but the city held out for only 24 days. The garrison consisted of about 600 Italian, French, Corse and Dutch soldiers.

piccole squadre di incursori equipaggiati con granate, sostenuti dai moschettieri e dai guastatori incaricati di rovinare gli approcci avversari. Per distruggere i ripari realizzati superficialmente, come davanti a San Demetrio e a Sabbionera, le squadre incaricate delle sortite erano dotate di rampini, brandistocchi e aste uncinate per rimuovere i sacchi di sabbia o i gabbioni sistemati dagli assedianti. Nonostante l'assedio finale a Candia rappresenti l'episodio più importante della guerra e negli ultimi tre anni siano avvenuti gli scontri più violenti e devastanti, i veneziani iniziarono molto presto a mettere in pratica i nuovi accorgimenti che la moderna scienza militare aveva escogitato. La Canea e Retimo erano cadute in breve tempo - dopo 54 giorni la prima e 24 la seconda - a causa delle fortificazioni insufficienti e del numero limitato di difensori; a Candia i veneziani avevano invece avuto tempo sufficiente per potenziare la guarnigione e migliorare le difese. Allarmato dalle voci di un imminente assalto turco, il Senato aveva spedito sull'isola tre ingegneri olandesi, Frans van Wert, il figlio Johan e il loro allievo Hyacintus van Bor. L'intera Europa apprezzava la perizia degli ingegneri dei Paesi Bassi e la rapidità con la quale realizzavano con poca spesa fortificazioni straordinariamente efficaci, progettate per avanzare il fronte di difesa con semplici opere in terra e ritardare l'impatto avversario mediante fosse complete di scarpa e controscarpa ai piedi dei bastioni e delle difese esterne. A Creta i tre tecnici rinforzarono le cortine e disegnarono alcuni progetti di miglioramento, iniziando dall'isola di Suda, dove fortificarono lo scoglio al Moraiti; accorgimento che si rivelò senz'altro utile considerato che per ben tre volte, nel 1646, nel 1649 e nel 1663, gli ottomani fallirono la conquista della fortezza. La mancanza di tempo non permise di realizzare tutto il necessario, ma il lavoro dei tre ingegneri servì se non altro a mostrare la via da seguire. Nel settembre del 1647, dopo aver assistito alla morte del figlio a La Canea, Frans van Wert rimase ucciso nel corso di una ricognizione davanti al campo turco; per l'opera meritoria svolta a Creta la il Senato accordò una pensione alla sua famiglia e gli dedicò una solenne orazione funebre.

Nei quattro mesi precedenti al primo assalto, le mura di Candia furono circondate con difese supplementari: opere a corona; a corno; mezzelune; frecce; rivellini, eseguiti sotto la direzione del principe Camillo Gonzaga.

Lo scopo era sempre quello di spostare verso l'esterno il centro di gravità della difesa e moltiplicare il tiro di fiancheggiamento fra i baluardi. Nel 1648 la difesa di Candia era stata assunta dal generale Gilles De Haes, insediato al comando alla metà di luglio, due mesi dopo l'investimento della città, *con grandissima aspettazione del popolo e delle soldatesche.* Il generale fiammingo organizzò le risorse a disposizione con molta abilità; distribuì le truppe assegnando a ciascuna nazione un settore da difendere e nominando per ogni bastione un comandante con un luogotenente; assegnò inoltre a tutti i civili un luogo di raccolta dove presentarsi ogni sera e affidò impieghi anche agli ecclesiastici e agli ebrei. L'energico De Haes reclutò quindi un numero considerevole di donne da affiancare ai genieri nel lavoro nelle gallerie e per scavare la terra necessaria a riparare le brecce; le ripartì in compagnie affidandole ciascuna a una responsabile e assegnò anche a loro un settore prestabilito, pagando un compenso per ogni giornata di lavoro. Fece scavare nuove gallerie sotto i baluardi e le cortine, in modo che si incontrassero l'una con l'altra e organizzò turni di lavoro continui, considerando giustamente questi accorgimenti come i più adatti per migliorare la difesa. Per proteggere i settori meno forti, De Haes fece preparare grandi quantità di fascine, botti e materassi e ordinò lo scavo di nuove ritirate nei baluardi più minacciati e nelle cortine; fece bersagliare continuamente gli approcci avversari con i mortai, provocando molti danni e infine realizzò nuove controbatterie, aumentando dove fu possibile l'altezza dei cavalieri.

Nel primo assedio i turchi concentrarono l'attacco sul lato orientale della città, investendo il forte di San Demetrio, l'opera Palma e la corona di Santa Maria, bombardando senza sosta il porto e i baluardi Vitturi, del Gesù e Martinengo; ma tutte le contromisure messe in opera dai difensori si rivelarono efficaci e alla fine dell'estate i baluardi erano ancora in piedi, i turchi avevano perduto centinaia di uomini senza riuscire a superare le fosse. Per i difensori non erano mancati i momenti critici, come la perdita dell'opera Palma avvenuta il 4 luglio, nonostante l'ordine di difenderla

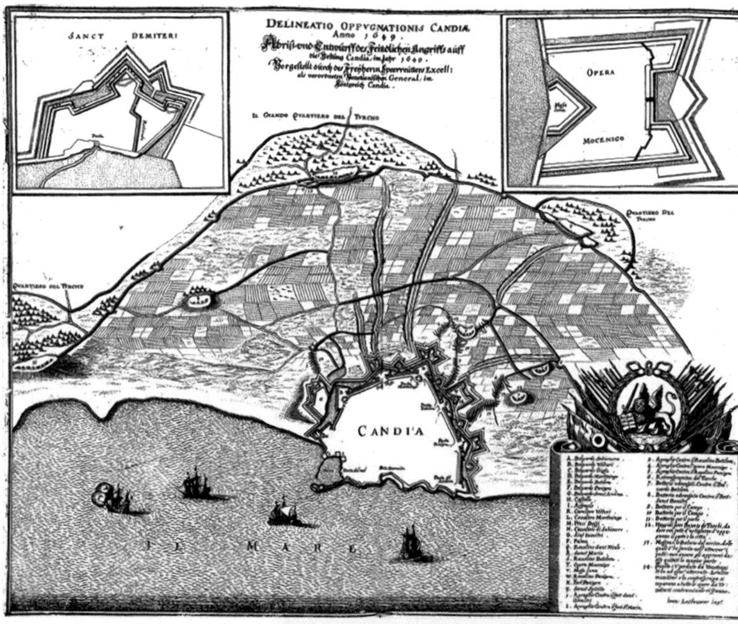

▲ **L'antica cinta muraria di Candia** era stata rinnovata fra il 1538 e il 1539 da Michele Sanmicheli, secondo quanto indicato nel 1518 da Giacomo di Campofregoso. All'inizio della guerra l'opera risultava ancora incompiuta; dilazioni tecniche e cronica mancanza di denaro avevano impedito di migliorare la difesa la città dalla parte del mare, mentre permanevano molti aspetti obsoleti rispetto ai canoni introdotti dagli ingegneri dei Paesi Bassi: i baluardi d'angolo risultavano troppo piccoli e lontani l'uno dall'altro; le cortine troppo lunghe; le fosse non abbastanza larghe e spianate per rispondere convenientemente a un assalto "...essendo ch'un Baluardo non può vedere né difendere la fronte dell'altro ch'è error mortale". I lavori di ristrutturazione si protrassero fino alla vigilia dell'assedio del 1648 con la realizzazione di nuove piazze per le cannoniere, l'ampliamento delle fosse e l'accantonamento di grandi quantità di terra per erigere dei cavalieri, coprire le casematte e riempire i terrapieni. Nell'illustrazione realizzata al tempo del primo assedio si vedono le opere esterne nella loro configurazione originale, ovvero quelle precedenti gli ampliamenti realizzati fino al 1667. (Illustrazione dal Theatrum Europeum, Francoforte sul Meno,1670)

The ancient walls of Candia were renewed between 1538 and 1539 by Michele Sanmicheli. At the beginning of the war the work was still unfinished; technical delays and chronic lack of money had prevented several defense improvements and many aspects remained obsolete compared to the devices introduced by the Dutch engineers. The works continued until the eve of the siege of 1648 with the creation of new battery for the guns, accumulation of large amounts of earth to build elevated battery, cover the bunkers and fill embankments. In the illustration, made at the time of the first siege, are visible the external works in their original configuration before the extensions realized until 1667.

ad ogni costo. La situazione era peggiorata il giorno dopo, quando i turchi erano penetrati nella corona di Santa Maria, da dove iniziarono a bombardare la cortina del Martinengo con tutti i pezzi a disposizione. Comandava in quel settore il conte Livio Noris, il quale - dopo l'esplosione di una mina sull'angolo sinistro del baluardo, seguita dalla distruzione di un deposito di munizioni - ordinò la ritirata ai 500 soldati italiani, schiavoni e greci che senza sparare un colpo abbandonarono disordinatamente la postazione. Fu il provvidenziale intervento del provveditore Alvise Mocenigo a salvare la situazione, che guidò al contrattacco anche il popolo in armi. Per quel fatto Noris fu arrestato assieme agli ufficiali ai suoi ordini e condannato alla forca, poi commutata in carcere perpetuo dal provveditore d'armata Lorenzo Marcello. Per i veneziani un altro momento critico giunse il 6 agosto con il nuovo assalto al baluardo Martinengo. Dopo essersi mostrati numerosi sul lato orientale e aver fatto avanzare la cavalleria davanti al baluardo di Sant'Andrea, i turchi balzarono all'assalto con un migliaio di uomini contro il Martinengo, che fu occupato fino alle ritirate. Immediatamente iniziarono a scavare trincee per proteggersi dal tiro dei cannoni veneti piazzati sul cavaliere del bastione: "che ne facevano orribile strage". De Haes inviò al contrattacco lo squadrone dei feudati, assieme ad alcune compagnie del reggimento de Remorantin e dopo due ore di combattimento riprese possesso del baluardo. Altrettanto cruenti furono gli scontri sottoterranei, come quello del 16 giugno infuriato per quasi quattro ore nelle gallerie sotto il forte di San Demetrio. In quel luogo turchi avevano provato a superare l'ostacolo costituito dalle fosse servendosi delle gallerie conquistate ai difensori e alla metà di luglio si preparavano nuovamente ad avanzare con cinque approcci contro il Martinengo, tre al Gesù e due al Vitturi, aprendo nuove gallerie sotto le cortine. Il 26 luglio alcuni segnali rivelarono che i lagimçi turchi stavano lavorando sotto la cortina fra il Gesù e il Vitturi e prima della fine del mese i veneziani fecero brillare con successo quattro contromine preparate dall'ingegner Odoardo Vaudeblanch. Quel settore delle mura, protetto da una fossa tropo stretta e a ridosso di alcuni fabbricati, rappresentava un punto debole del dispositivo e se i turchi fossero riusciti a farlo rovinare avrebbero senz'altro potuto usare le macerie per scalare agevolmente la muraglia, ragion per cui i difensori spianarono tutti i fabbricati presenti, compresa un chiesa. Altri preziosi successi arrisero ai veneziani nei duelli sotterranei, come accadde il 4 agosto

◄ Le nuove opere difensive realizzate a Candia prima dell'assedio del 1667 sono visibili in questa incisione, una delle tante realizzate per illustrare la resistenza della città assediata. L'artista ha riprodotto anche le trincee turche di fronte all'opera Panigrà. Per distruggere gli approcci avversari ogni proposta fu esaminata, comprese le più bizzarre, come quella presentata nel 1649 da un capitano di vascello scozzese, che *con un mirabile ordigno* propose di portare l'acqua del mare fino ai baluardi e assieme a questo aveva disegnato *un letto d'artiglieria a guisa di corsia di galera*, col quale voleva *imboccare* i cannoni dei turchi. La ricerca di nuove tecnologie e di piani per contrastare gli avversari non si arrestò mai e nel 1667 lo stesso Francesco Morosini esaminò un progetto per la realizzazione di *ordigni volanti* in grado di annientare l'artiglieria turca. Prima della guerra vivevano a Candia 31.000 persone, alla resa della guarnigione restavano poco più di 4.000 abitanti. (Archivio degli autori)

The new defensive works realized before 1667 are visible in this engraving of the siege of Candia. The artist has reproduced the Turkish trenches opposite the 'opera Panigrà'. To destroy the enemy approaches each proposal was examined, including the most bizarre, like the one presented in 1649 by a Scottish sea captain, who proposed a wonderful device to bring water from the sea to the ramparts and a special artillery, with whom he wanted to take the Turkish guns. The research for new technologies never stops and in 1667 Francesco Morosini examined a project for the development of flying bombs to destroy the Turkish artillery. Before the war, 31,000 people lived in Candia, at the surrender of the garrison remained only 4,000 inhabitants.

▼ Descritta come luogo aperto, debole, senza porto, vecchio e rovinato, Sitia (Sithya) si trovava assai distante dalle maggiori città di Creta, presentandosi quasi isolata, indifendibile ed esposta alle scorrerie dei corsari. Dopo i lavori di rifacimento intrapresi nel 1625, le incursioni barbaresche fecero maturare la *risoluzione estrema* troppe volte rinviata: nel 1651 il capitano generale da mar Lazzaro Mocenigo decise di spianare Sitia per evitare che i nemici la sorprendessero "lontana da soccorsi".

Described as open space, weak, without port, old and ruined, Sitia (Sithya) lied very distant from the major cities of Crete and nearly isolated, indefensible and exposed to raids by privateers. After the Ottoman invasions in 1651, the Capitano Generale Lazzaro Mocenigo decided to smooth Sitia to prevent the enemies will surprise the place "away from relief ".

sotto il forte San Demetrio, quando riuscirono a disinnescare una mina di 26 barili *già pronta con tutti gli apparecchi*. I minatori veneziani ottennero altre importanti vittorie nel mese di settembre e in quello successivo, quando il 3 ottobre innescarono un fornello che distrusse gli approcci turchi nella controscarpa del martoriato forte di San Demetrio.

Il 10 ottobre le piogge incessanti allagarono le trincee e le gallerie mettendo fine per quell'anno alle operazioni. Ai primi del 1649 giunsero a Candia due ingegneri francesi, Jean Bellonet e Philippe Besseti de Verneda, i quali dimostrarono grande perizia nel miglioramento dei rivellini e nella riparazione delle brecce aperte sulle muraglie. Impiegando grandi quantitativi di terra, Verneda riuscì a ottenere buoni risultati riparando in breve tempo i danni prodotti dagli avversari, mentre Bellonet diresse la realizzazione di nuovi *bonetti*, ovvero di terrapieni elevati di forma quadrangolare, con i quali proteggere gli angoli dei rivellini e delle altre opere esterne. Si estesero le fortificazioni a occidente del forte di San Demetrio, dotando quell'opera di tre rivellini in direzione della campagna, molto alti e completi di fossa, controscarpa e palizzata nel mezzo della fossa stessa.

I fianchi del forte, che avevano molto sofferto il tiro dei cannoni turchi, vennero riparati da Verneda con un parapetto di terra, ma la fossa restò incompleta per mancanza di tempo, tuttavia i lati erano assicurati dalla palizzata, che continuando l'ordine dei rivellini veniva a terminare nella controscarpa della cortina. Entrambi gli ingegneri migliorarono la rete di contromine, portando le gallerie molto oltre la cinta muraria e perfezionando gli ordigni da impiegare, fra i quali uno speciale *petardo* a scoppio ritardato, inventato dal Bellonet. Il lavoro dei due tecnici dimostrò tutta la sua utilità nella successiva campagna, quando nella notte fra il 17 e il 18 luglio 1649 i turchi ripresero gli assalti contro gli stessi obiettivi dell'anno precedente, a cui si aggiunsero il rivellino e il baluardo Betelem, la mezzaluna Moceniga e il rivellino di Panigrà. Ogni giorno, all'alba, l'artiglieria turca iniziava il bombardamento sulla città, mentre gli approcci turchi riprendevano ad avanzare minacciosi. Nel 1649 la guerra sotterranea raggiunse un intensità ancora maggiore, spingendo gli assedianti a impiegare un numero sempre maggiore di maestranze, ma senza mai venire a capo della formidabile resistenza dei veneziani e delle trappole abilmente predisposte. Con una tattica che prevedeva assalti contro determinati settori del fronte nemico, cui seguiva una ritirata, i difensori attiravano gli avversari sopra fornelli precedentemente preparati e fatti esplodere al momento opportuno; alla fine di luglio avevano con questo metodo vanificato i progressi turchi contro il San Demetrio e in altri settori. La cronaca di quegli avvenimenti è scandita dall'abile narrazione di Girolamo Brusoni: "il mese seguente, andando a incontrare gli approcci turchi alla mezzaluna Moceniga", i veneziani predisposero quattro grandi fornelli che esplosero uno dopo l'altro sul fianco verso il Panigrà: "rovinando i lavori dei nemici e consumando molti di loro. E fu tanto lo spavento che presero i turchi nelle trincee vicine, dal vedere tanti morti e tante rovine, che fuggirono senza sapere dove ricoverarsi"; secondo alcuni prigionieri le esplosioni avevano sepolto: "la ciurma di un intera galea". Le cariche delle contromine veneziane divennero talmente potenti da riuscire a sbalzare dal terreno perfino i cannoni. Il 18 agosto 1649 "cosa che parve veramente mirabile" un fornello esplose sotto le trincee di fronte al baluardo di Betelem con una violenza tale che scagliò sugli spalti "un villano del paese ancora agonizzante, di quelli che i turchi impiegano per scavare gli approcci". Alla fine del mese, dopo innumerevoli sanguinosi assalti, i turchi erano riusciti a penetrare nella controscarpa fra Panigrà e Betelem, mentre contemporaneamente premevano contro l'opera di Santa Maria e da quella posizione si gettarono contro il rivellino di Betelem, riuscendo ad occuparlo il 1° settembre. Nella notte, quello che era stato il maggior risultato conseguito in un mese e mezzo di continui combattimenti, tornò sotto il controllo dei veneziani grazie a un assalto a sorpresa guidato dagli ingegneri Bellonet e Verneda, discesi nel rivellino col favore dell'oscurità: "... attraverso passaggi difficili e scabrosi".

Il 9 settembre i turchi furono sul punto di impossessarsi di un'altra opera esterna, quando - scavato un pozzo nella controscarpa della mezzaluna Moceniga - fecero partire una galleria per irrompere in un pozzo occupato dai difensori, ma una potente

▲ **Il principe palatino Philipp von Sulzbach**, uno dei tanti stranieri assunto come generale dalla Repubblica, al contrario della maggior parte dei capitani al servizio di Venezia, era un protestante che aveva militato contro la Lega Cattolica al servizio della Svezia. In più di un'occasione a Candia si trovarono a combattere sotto la stessa bandiera ufficiali e soldati che pochi anni prima erano stati nemici. (Archivio degli autori)

Prince Philipp von Sulzbach, one of many foreigners hired as General for the Republic, in contrast to most of the captains of Venice, was a Protestant who had fought against the Catholic League in the Swedish Army. In many occasions in Candia, there were under the same flag officers and soldiers who a few years before had been enemies.

► Un disegno tratto dall'opera *Novissima Praxis Militari*, di Johann Scheither, presente nel 1669 alla difesa di Candia col contingente del Braunschweig-Lüneburg. I combattimenti sotterranei furono una costante degli ultimi tre anni di assedio e coinvolsero fino a centinaia di uomini per parte, che nell'oscurità delle gallerie si affrontarono in spaventosi scontri ravvicinati.

A drawing from the work Novissima Praxis Military, by Johann Scheither, eye witness in the siege of Candia in 1669, with the contingent from Brunswick-Lüneburg. The fights in underground were a constant for the last three years of siege and involved up to hundreds of men on each side, which faced each other in the darkness of the tunnels fearful melee.

contromina esplose più in profondità seppellendo tutti i minatori. Dopo questa azione i veneziani si impossessarono nuovamente della mezzaluna, ma ormai a corto di uomini per difenderla decisero di utilizzarla per una nuova trappola preparando un gigantesco fornello, sopra il quale però i turchi non avanzarono e per quella volta evitarono la trappola. L'ultima contromina della campagna del 1649 esplose il 13 settembre sotto la controscarpa del forte di San Demetrio, dove i turchi erano riusciti a penetrare al termine di un violento combattimento durato un giorno intero. La tecnica di contromina messa a punto dai difensori era semplice e ingegnosa ed era concepita tanto per colpire in profondità, quanto per difendere le difese superficiali minacciate dagli approcci nemici. Per questo scopo si predisponevano camere sotterranee pronte per essere riempite di esplosivo. La direzione dei lavori era eseguita da un ingegnere a conoscenza della rete di gallerie presenti nel suo settore. Johann Scheither, testimone oculare dei combattimenti del 1669, lasciò un ampia descrizione delle fasi di preparazione delle contromine: "a Candia la maggior parte delle mine era del tipo all'italiana, detta *fornello* (...) composta da una camera, grande o piccola secondo il bisogno, dove si collocavano al suolo dei robusti pali o delle assi ben connesse con i chiodi, per preservare la polvere dall'umidità; quindi se si doveva introdurre la polvere in sacchi o in barili, si faceva a un tempo anche l'innesco, impiegando scatole di legno di abete, inchiodate assieme e larghe internamente 2 o 3 pollici e lunghe fino a 16 piedi; da ultimo si chiudeva l'entrata o *bocca del fornello* con la muratura puntellandola dalla parte del ramo di galleria con grosse travi di legno a contrasto l'una con l'altra". Davanti all'innesco del fornello e all'ingresso delle gallerie stazionavano delle sentinelle, mentre a turno i minatori prendevano posto nei cunicoli, per cogliere il minimo rumore rivelatore della presenza avversaria, pronti a dare l'allarme quando si avvicinava alla contromina. A tale riguardo Scheither aggiungeva: "I difensori vigilavano diligentemente affinché il nemico non giungesse nelle mine già allestite, venirne a conoscenza, oppure portare via la polvere, come a volte accadde, cosicché quando si voleva accendere la mina si restava con un pugno di mosche in mano". Molte volte turchi e veneziani si scontrarono nelle gallerie dando vita a spaventosi combattimenti ravvicinati, oppure riuscivano a entrare nelle gallerie avversarie e intercettare le comunicazioni, accendere un fuoco per riempirle di fumo, oppure sigillarle con un crollo e seppellire tutti quelli che si trovavano all'interno. I turchi escogitarono svariati espedienti per liberare le gallerie dalla minaccia veneziana e a una certo punto pensarono di aver trovato la soluzione definitiva, grazie a un 'chimico' inglese, inventore di una miscela di sostanze velenose da diffondere dentro le gallerie con il fumo. Ma i difensori reagirono a questa minaccia e poco dopo trovarono il modo di neutralizzare i veleni, bruciando fascine di ginepro e inondando gli ambienti di acquavite.
I testimoni oculari avevano descritto i combattimenti dei primi due anni definendo il teatro di guerra *un triplicato inferno*; il paesaggio devastato e avvolto dal fumo delle esplosioni era paragonato ai campi flegrei, mentre l'odore della polvere da sparo era percepibile a miglia di distanza. Il 2 ottobre Hüseyn ordinò la sospensione dell'assedio, ma fece restare i soldati ancora per qualche giorno nelle trincee, per poi abbandonarle prima della fine del mese. In due anni di assedio si erano immolati davanti a Candia più di 20.000 ottomani; alte anche le perdite dei difensori che avevano perduto non meno di

6.000 soldati e un numero imprecisato di civili. Fra assedianti e assediati i combattimenti si riaccesero occasionalmente negli anni seguenti, i primi per ostacolare i lavori di restauro alle fortificazioni, gli altri per danneggiare l'accampamento fortificato sorto a poche miglia dalla città. I veneziani lanciarono sortite di una certa entità nel 1652 e nel 1654, cui ne seguirono altre due nel 1659 e nel 1662 effettuate con più di un migliaio di uomini. Nell'aprile del 1660 erano stati invece i turchi a presentarsi, in numero di 5.000, davanti alle mura, subito fatti segno del tiro dei cannoni veneti.
Quando nel 1667 Köprülü Ahmed si accinse a riprendere l'assedio a Candia comprendeva benissimo i rischi di questa impresa, al compimento della quale per due volte aveva fallito il valoroso Dely Hüseyn, perfettamente conscio che una sconfitta gli sarebbe stato fatale. Il gran visir attese quasi tre mesi prima di imbarcarsi a Isdin, sulla costa meridionale dell'Anatolia, e approdare a La Canea il 3 novembre del 1666; altri due mesi trascorsero mentre si realizzava l'accampamento, in vista delle mura di Candia, da dove per settimane ispezionò personalmente le fortificazioni venete e passò in rassegna le truppe. Köprülü fece realizzare tre nuovi campi davanti ai lati di terra della città; discusse sulla situazione generale con il serdar Ahmed Pashà, che fino allora aveva comandato le truppe; riunì giornalmente il suo consiglio di guerra e fece conoscenza diretta degli alaybeg e degli altri ufficiali presenti, i quali – secondo la consuetudine – baciarono la sua veste e ricevettero la testimonianza di interesse del sultano e la sua personale per le sofferenze patite in quegli anni. Il gran visir si circondò di pochi fidati ufficiali: il comandante dei giannizzeri Ibrahim Pasha con il suo luogotenente Arnavut Abdurrhaman; il beglerbeg di Rumelia Pehlivan Mohammed Pasha, un anziano soldato che aveva partecipato agli assedi del 1648-49; il governatore di Anatolia, Merzifonlu Kara Mustafa - suo cugino adottivo - destinato a succedergli nella carica di gran visir e guidare nel 1683 l'esercito ottomano sotto le mura di Vienna. Il 25 maggio del 1667 si tenne un consiglio di guerra per deliberare le direttive in vista dell'assalto imminente. Il piano che prevalse fu quello di investire i bastioni di Panigrà, di Betelem e il Martinengo. L'idea di concentrare gli sforzi contro il bastione Vitturi e l'opera esterna di San Demetrio fu scartato perché entrambe le posizioni, veri e propri baricentri del dispositivo difensivo, avrebbero reso più difficili i progressi degli assedianti e inoltre li avrebbe esposti a pericolosi contrattacchi sui fianchi. Si scelse quindi di concentrare l'assalto sul lato ovest, lasciando

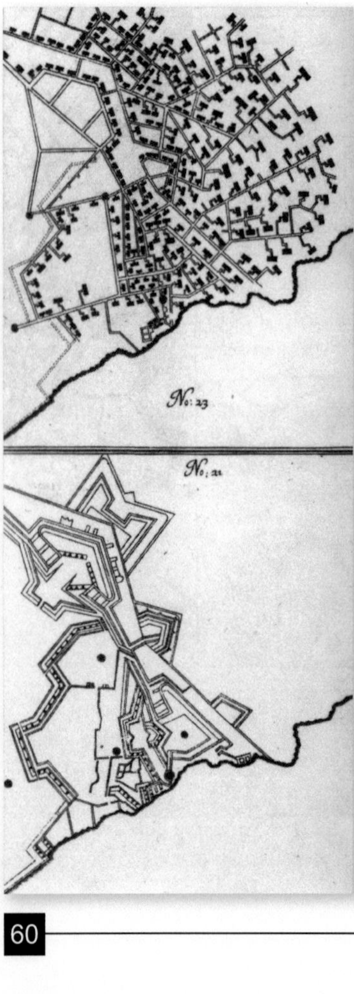

◄ **L'impressionante rete di gallerie** scavate dai veneziani sotto il baluardo di Sant'Andrea, nonostante il terreno roccioso e la vicinanza al mare, con le contromine preparate prima della fine del 1668: "Quando brillava uno di quei fornelli, tutta la città ne restava scossa come si trattasse di un terremoto (...) il che era prodotto dal fatto che le mine erano praticate entro roccia o terreno ben compatto; ed allora volavano in aria insieme alle rocce e alla terra anche gli uomini con tanto e così orribile schianto che era terribile a vedersi, e talvolta si scorgeva la gente per aria far tante giravolte." I fornelli, le fogate e i pozzi di fuoco furono l'incubo continuo degli ottomani durante tutto l'assedio e anche dopo la resa, il timore di restare vittima di qualche trappola, li fece esitare a lungo prima di entrare in città. Gli eventi della guerra lasciarono tracce indelebili nella società ottomana e l'impressione per quei fatti divenne così forte che, quando si voleva maledire qualcuno, gli si augurava di andare a combattere a Creta. (illustrazione dalla Novissima Praxis Militari di Johann Scheither; Braunschweig, 1672)

The impressive network of tunnels dug by the Venetians under Sant'Andrea, despite the rocky terrain and proximity to the sea, with the countermine prepared before the end of 1668: "When a mine exploded, the whole town was shaken as it was an earthquake (...) which was produced by the fact that mines were conducted within the rock or soil very compact and then flew into the air along with rocks and earth with men too much and so horrible crash that was terrible to behold, and sometimes could see people do so many twists and turns in the air". Mines were the nightmare for the Ottomans throughout the siege and even after the surrender, the fear of being victims of a trap, made them hesitate for long time before to entry in the city. The events of the war left indelible traces in the Ottoman society and the impression became so strong that, when someone wanted to curse someone else, he wished him to go at the siege of Candia.

sull'altro lato qualche batteria con pochi cannoni e uno schermo di cavalleria appiedata per presidiare le vie di accesso agli accampamenti. L'armata ottomana fu divisa in tre corpi che simultaneamente dovevano assalire i bastioni; a sinistra si trovavano le truppe europee agli ordini del beglerbeg di Rumelia e dell'aga dei giannizzeri; alle loro spalle il gran visir era accampato fra le rovine di Yeni Kandie, fatta smantellare con un suo ordine per far capire a tutti che la conquista della città era un obiettivo ormai a portata di mano. Al centro venne schierato il contingente egiziano, sotto Ahmed Pasha, di fronte al bastione Betelem e alla mezzaluna Mocenigo; infine a destra, in direzione del bastione Martinengo, presero posizione le truppe anatoliche guidate da Kara Mustafa. Tre grandi corpi, uno europeo, un altro africano e uno asiatico, si trovavano riuniti per lanciare l'assalto ai baluardi. I combattimenti furono da subito violentissimi; all'alba le batterie turche iniziavano a bersagliare le posizioni avversarie, mentre le trincee di circonvallazione iniziarono a estendersi tutte attorno alla città. La prima mina turca esplose il 5 luglio sotto la punta del baluardo Panigrà riuscendo a danneggiare la muraglia, ma provocò il crollo di alcune gallerie degli assedianti seppellendo un centinaio di minatori. L'insuccesso non scoraggiò il gran visir che fece intensificare i lavori, diretti in prima persona da Mustafà Pasha, il valente capo dei minatori dell'Anatolia, rimasto poi vittima alla fine del mese di un pozzo di fuoco veneziano. Dal luglio al settembre 1667 furono fatte esplodere dagli assedianti 152 mine, cui risposero i difensori con 182 contromine e pozzi di fuoco, la maggior parte concentrata nel settore del Panigrà. Il 26 ottobre i turchi riuscirono per la prima volta a insediarsi nel baluardo, dove piantarono cinque stendardi, ma tre mine veneziane, contenenti ciascuno 70 barili di polvere, fecero saltare in aria quanto restava dell'opera assieme a tutti coloro che vi si erano asserragliati. Per tutto il periodo i difensori lanciarono a intermittenza sortite formate da *squadroni* di un centinaio di moschettieri, sostenuti da granatieri e altri guastatori, dirette contro gli approcci avversari. Gli scontri crebbero d'intensità e dettero vita a violentissimi duelli di moschetteria, alla quale si aggiungevano gli ordigni maneschi e i proiettili dei cannoni che tuonavano senza sosta. Preoccupato dai progressi avversari contro la corona di Santa Maria, il capitano generale Francesco Morosini, che aveva assunto il comando della piazza alla fine di giugno, si convinse il 3 ottobre a ordinare una sortita generale condotta da 1.000 uomini tratti dai reggimenti italiani Maron, Cremasco, Marini, Restori, Imberti; dal reggimento svizzero Wertmüller e dagli oltramarini Georgio Maria e Rados. L'11 novembre i difensori lanciarono una seconda grande sortita dopo aver fatto deflagrare quattro mine fra i bastioni Betelem e Martinengo, che investirono gli approcci turchi e uccisero tre aga, il comandante dei giannizzeri, quello dei cebeci e il capo dei serdengeçdi (i volontari alla guida degli assalti). Otto giorni dopo il gran visir sospese gli assalti e ordinò alle truppe di prepararsi per l'inverno.

▲ **Il capitano generale da mar Francesco Morosini** aveva 48 anni quando assunse il comando delle operazioni a Creta nell'estate del 1667. Morosini aveva brillantemente risalito la gerarchia militare iniziando da sopracomito (capitano di galea) a soli 20 anni; a Candia iniziò un duello a distanza con il suo avversario Köprülü Ahmed destinato a durare fino alla resa della città. Il comandante veneto era più anziano di quello turco, ma tutto sommato erano entrambi abbastanza giovani rispetto all'età media dei vertici militari dei due Stati.

The General Captain Francesco Morosini was 48 years old when he assumed command of the operations in Crete in the summer of 1667. He successfully climbed the military hierarchy starting with 'Sopracomito' (Captain of the galley), when he was only 20. In Candia began a duel with his opponent Köprülü Ahmed, intended to last until the surrender of the city.

Nel primo anno le perdite ottomane sarebbero ascese a circa 8.000 morti, dei quali 400 appartenevano ai giannizzeri; due governatori di Rumelia e un centinaio di altri ufficiali erano caduti, moltissimi i feriti e gli ammalati. Le fonti venete, citando una lettera del gran visir caduta nelle loro mani, triplicano queste cifre sostenendo che Köprülü disponesse di soli 23.700 uomini ancora in grado di combattere. Con ogni probabilità le stime avanzate dai veneziani riguardo le perdite avversarie sono ingigantite ai fini della propaganda. La macabra contabilità delle perdite, trascritta da Girolamo Brusoni alla fine di ogni anno, riporta per il 1667 da parte veneta la cifra di 7.908 soldati, civili e minatori fuori combattimento, fra i quali il provveditore del regno Lorenzo Pisani assieme ad altri importanti personaggi e ufficiali. L'estate torrida aveva causato l'insorgere di molte malattie, poi l'inverno freddo e umido che seguì aggiunse nuovi mali e tanto i turchi che i veneziani soffrirono moltissimo, poiché le trincee erano allagate, mentre nelle gallerie si lavorava con l'acqua fino alla vita. Il sultano inviò un messaggio all'esercito, dicendo che avrebbe concesso riposo solo dopo la conquista della città e in effetti i combattimenti non si arrestarono nemmeno con la stagione fredda. Il primo giorno dell'anno esplose una contromina sotto il rivellino di Panigrà, cui seguì il giorno dopo un fornello di quaranta barili contro gli approcci turchi all'opera esterna del medesimo baluardo, ormai ridotta a un cumulo di macerie. I continui insuccessi indussero i turchi a modificare le loro tattiche di assalto, visto che la maggior parte degli attacchi in massa venivano sempre respinti con gravi perdite. Gli assalti all'arma bianca vennero lanciati solo contro obiettivi limitati, come ad esempio una palizzata, una batteria o un bonetto isolato; si cercò inoltre di coordinare gli attacchi approfittando dell'effetto provocato dall'esplosione di una mina; ma il cambiamento più drastico avvenne con la scelta di modificare il piano di tutto l'assedio. Mentre fino al maggio del 1668 gli sforzi degli assedianti si erano concentrati sul lato ovest, dal primo giugno, coincidente per gli ottomani all'inizio del nuovo anno, l'assedio si spostò verso le due estremità vicino alla costa: il bastione di Sant'Andrea a nordovest; quello di Sabbionera, vicino al porto, a nordest. Nonostante in quei settori il terreno non favorisse lo scavo degli approcci, i due baluardi erano quasi privi di fiancheggiamenti e la muraglia era più debole che in altri settori, non disponevano di una fossa profonda e nemmeno di controscarpa. inoltre esisteva sul lato di Sabbionera un approccio naturale, costituito dal letto di un torrente invernale. Da quella posizione, con un cavaliere opportunamente eretto, si poteva colpire agevolmente anche il porto. Dopo ogni assalto i veneziani avevano rinforzato i baluardi, ma per mancanza di tempo e di denaro i restauri e i miglioramenti si erano concentrati sui baluardi più minacciati, mentre Sabbionera e Sant'Andrea non avevano mai subito attacchi di rilievo. Per migliorare la difesa sarebbe stato necessario costruire due mezzelune, alte ed estese, rinforzarle con dei terrapieni e realizzare la strada coperta: quattro mesi di lavoro di 400 operai. L'intuizione dei comandanti turchi circa il punto debole della difesa veneta era del resto suffragata dagli interrogatori dei

▲ **Candia: baluardi e fortificazioni nel 1667.** A: Sant'Andrea; B: Panigrà; C: Betelem; D: Martinengo; E: Gesù; F: Vitturi; G: Sabbionera. 1: rivellino Sant'Andrea; 2: rivellino Santo Spirito; 3: Opera Panigrà; 4: rivellino Panigrà; 5: mezzaluna Moceniga; 5b: freccia Morosini; 6: rivellino Betelem; 7: opera a corona Santa Maria; 7b: freccia di Santa Maria; 8: rivellino di San Nicolò; 8b: opera a freccia di San Nicolò; 9: opera Palma; 10: opera Crevalcuore; 11: forte di San Demetrio; 11b: rivellino di San Demetrio; 12: opera Molina; 13: porto.

disertori e dalle ricognizioni accuratamente condotte. Alla metà di giugno l'assedio riprese con inusitata violenza con il bombardamento della città da parte di tutti i cannoni e i mortai delle batterie.
Dalle trincee i turchi bersagliavano incessantemente con il fuoco della moschetteria le postazioni avversarie e alla metà del mese un tiratore mise a segno un colpo importante centrando alla testa il provveditore generale Bernardo Nani. Qualche settimana dopo cadde il colonnello tedesco von Frisheim; assieme a lui il barone Degenfeld e il fratello del marchese Villa, tornato a Candia come volontario con le truppe del pontefice, erano caduti combattendo sugli spalti. Con loro perirono o restarono feriti un gran numero di nobili veneti: Balbi; Badoero; Grimaldi; Cornaro; Barbaro, senza contare il marchese de Montbrun, comandante della fanteria, ferito più volte, ma ogni volta ritornato sui bastioni per guidare i suoi uomini.
Veterano delle guerre contro gli spagnoli, a 65 anni il marchese era entrato al servizio della Repubblica e fu lui a scrivere che tutto ciò che aveva visto in cinquanta anni di campagne erano giochi da fanciullo in confronto a quanto assistette a Candia. Dapprima con lentezza, quindi con sempre crescente vigore gli ottomani avanzarono contro i due baluardi esterni; i lavori sotterranei diminuirono notevolmente anche se a Sant'Andrea furono preparate mine scavando nella roccia viva. Prima della fine dell'estate gli assedianti superarono le opere esterne di fronte a Sant'Andrea, costituite da bonetti e frecce improvvisate, oltrepassarono la fossa e "...iniziarono a lavorare di zappa al piede della muraglia" nonostante il tiro continuo dei veneziani, che concentrarono a difesa di quel baluardo una batteria da 18 cannoni, appoggiata da altre tre per complessivi 18 pezzi da 50 libbre fra il rivellino di Santo Spirito e il baluardo Panigrà.
I turchi risposero portando davanti al baluardo 8 batterie con 28 cannoni e 8 mortai; 8.000 fanti e 5.000 scavatori occupavano le trincee sotto lo sguardo del gran visir in persona. Era evidente che prima della fine dell'anno il baluardo sarebbe caduto, per cui dentro la città si lavorò febbrilmente per costruire una fortificazione supplementare arretrata, mediante una *tagliata* rinforzata da un terrapieno, benché priva di fossa, cui seguì una seconda tagliata più arretrata, più robusta della precedente e completa di fossato.
I combattimenti infuriarono nonostante l'arrivo delle piogge e della stagione fredda: a Sant'Andrea i turchi penetrarono attraverso le brecce aperte sui fianchi della muraglia, combattendo giorno e notte, in un'estenuante guerra di posizione, conquistando un metro di terreno alla volta, costruendo ripari e contendendo agli avversari le posizioni più elevate per bersagliare col cannone la piazza, mentre risuonava incessante il crepitare della moschetteria e lo scoppio delle granate. A Sabbionera il tiro dei cannoni turchi, posizionati sopra l'enorme cavaliere eretto sulla spiaggia colpiva il porto, tanto da costringere il naviglio veneto a entrare in città solo di notte. L'ingresso dei turchi nel baluardo di Sant'Andrea mise i veneziani in una posizione rischiosa, poiché in qual punto il terreno iniziava a degradare, lasciando all'occupante la posizione più elevata. Comandava in quel settore Caterino Cornaro e a Sabbionera il duca Francesco Battaglia, questi morì il 26 settembre durante un combattimento e fu sostituito dal generale degli oltramontani Spaar. Il consiglio di guerra alleato propose più di una volta di tentare una sortita in forze, ma Francesco Morosini fu sempre di altro avviso, poiché secondo il capitano generale le sortite riuscivano sempre *difficili e infruttuose* e i turchi erano sempre forti e ben riparati nei loro approcci che *era difficile giungere a contatto e tanto meno scacciarli*, poiché, come scriveva lo Scheither: "il fare una sortita dalla città era come voler correndo buttare giù un muro con la testa". E in effetti le due grandi sortite decise prima della resa della città, non conseguirono risultati apprezzabili: quella del 16 dicembre 1668, eseguita dai 450 venturieri francesi rinforzati da 100 soldati alemanni, fu un atto temerario con poche possibilità di successo e nemmeno la grande sortita del 25 giugno dell'anno seguente, preparata con cura e condotta da più di 3.000 soldati francesi, riuscì a rovesciare le sorti dell'assedio. Per quell'assalto si impiegò anche la cavalleria in modo da assicurare i fianchi delle cinque colonne incaricate di investire le trincee e le batterie ottomane da Sabbionera a San Demetrio; per facilitarne l'uscita vennero preparate delle rampe da posizionare sopra la fosse. La diversità di opinioni sull'utilità delle sortite provocò molti contrasti nel comando alleato e in definitiva quegli insuccessi contribuirono all'esito sfavorevole della difesa. Alla fine del 1668 le perdite erano state terrificanti: i veneziani avevano perduto 6.971 uomini fra cui 25 fra generali e colonnelli; nel

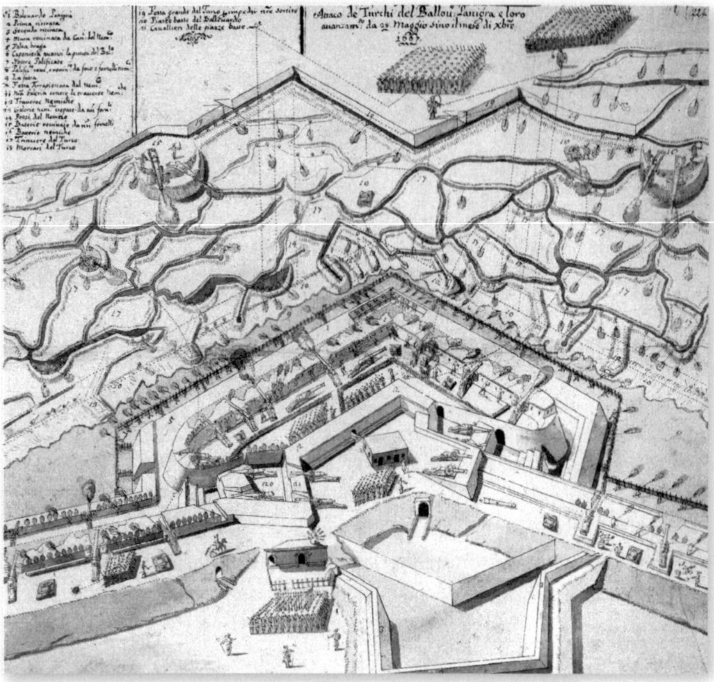

▲ **Il baluardo e le opere esterne di Panigrà** assalite dai turchi nell'estate del 1667. Nel disegno si vedono i soldati veneziani armati di moschetto dietro le palizzate nelle fosse e sui parapetti, mentre corpi combinati di moschettieri e picchieri sono schierati come riserva tattica davanti alle ritirate; si notano anche gli ingressi delle gallerie. Quel settore fu il teatro di uno dei più spettacolari duelli di mina, avvenuto ai primi di marzo del 1668. I turchi erano avanzati con una galleria sotto il rivellino e stavano preparando una gigantesca mina, ma i veneziani se ne erano accorti e avevano preparato una contromina sotto la galleria avversaria. Ma anche i turchi scoprirono il lavoro dei difensori, scavarono una nuova galleria ancora più profonda per piazzare un'altra mina e la fecero saltare. L'esplosione provocò il crollo di tutto il settore, indebolito dalle reciproche sovrapposizioni, causando la morte di centinaia di minatori. In mezzo al fumo e alle urla dei feriti, i turchi provarono a innescare la mina sotto il rivellino gettando dentro ogni sorta di ordigno incendiario, ma gli sforzi furono vanificati dal coraggio di un ingegnere veneto che, tra le fiamme e il fumo, riuscì a sventare la minaccia. (Biblioteca Nazionale Marciana, Venezia)

The bastion and external works of Panigrà attacked by the Turks in the summer of 1667. In the drawing are visible the Venetian soldiers armed with muskets behind the fences and ditches on the parapets, while combined bodies of musketeers and pikemen are deployed as a tactical reserve in front of the withdrawn. Panigrà was the scene of one of the most spectacular battles of mine, which took place in early March 1668. The Turks were advanced with a tunnel under the lunette and were preparing a huge charge, but the Venetians had noticed it and had prepared a countermine tunnel under the enemy. But the Turks discovered the work of opponents too, dug a new tunnel even deeper to place another mine and blew up. The explosion caused the collapse of the whole area, weakened by overlapping each other, causing the deaths of hundreds of miners. The Turks tried to trigger the mine under the rivelin throwing in all sorts of weapons, but the efforts were thwarted by the courage of a Venetian engineer who, in the flames and smoke could prevent the threat.

campo turco le perdite ascendevano secondo le fonti venete a 36.839 morti e 6.667 feriti. Nel corso dell'anno i turchi avevano effettuato 18 assalti generali e innescato 69 mine, cui avevano risposto i difensori con 47 sortite fra grandi e piccole e 292 fra contromine, fornelli, *fogate* e pozzi di fuoco. Nel dicembre di quell'anno il sultano avvertì tramite un dispaccio il gran visir che Venezia aveva inviato un nuovo ambasciatore a Larissa – dove il gran signore si trovava per essere tempestivamente informato sui progressi dell'assedio - per negoziare un armistizio. Ahmed scrisse al sultano implorandolo di non cedere alle offerte dei veneziani, informandolo che centinaia di metri di muraglia erano ormai caduti e che la vittoria era vicina; Köprülü chiudeva la sua lettera scrivendo che: "...dopo aver conquistato tante ridotte, scavato innumerevoli trincee, trionfato su un numero così prodigioso di volate, fornelli e mine, Allah avrebbe accordato ai suoi soldati la grazia di impadronirsi della città" e chiudeva pregandolo di non credere alle relazioni menzognere e che tutta l'armata e il suo comandante si apprestavano a trascorrere l'inverno nelle trincee. Pressato dal senato, l'ambasciatore Molino si recò allora a Candia per incontrare il gran visir, che lo accolse con la consueta cortesia usata in quei casi. Köprülü sapeva che Molino non aveva il mandato per cedere la città, ma quella presenza servì a imporre il silenzio al mormorio che montava in una parte delle truppe. Pochi giorni prima cinquecento fra sipahy e giannizzeri, assieme a molti ufficiali, si erano radunati minacciosi attorno al padiglione del gran visir, accusandolo di voler prolungare l'assedio e minacciando di lapidarlo. Ahmed riuscì a ristabilire la situazione grazie all'intervento del cugino Kara Mustafa, dell'aga dei giannizzeri e del *koulkiaya* che con un manipolo di soldati a loro devoti avevano cacciato i sediziosi a colpi di bastone. Essi invitarono il gran visir a non dare seguito a questo incidente, considerata la scarsità di soldati che affliggeva gli assedianti, tuttavia dopo questo fatto il gran visir avrebbe esclamato in un accesso d'ira che con un modesto aumento di soldo gli scavatori reclutati fra la plebaglia di Istanbul avrebbero reso un servizio migliore dei giannizzeri e dei sipahy, e che: "quella schiera di ammutinati rammolliti erano abili solo a farsi forti delle loro prerogative e dei privilegi accordati dal sultano, che li pagava 120 akçe al giorno, ma che non servivano ad altro che a rovinare lo Stato". Come era avvenuto l'anno precedente, l'assedio continuò nell'inverno con frequenti duelli di artiglieria e moschetteria, alternati dallo scoppio di mine e fornelli. L'inizio del nuovo anno si aprì con l'esplosione di una mina sotto il rivellino di Santo Spirito, innescata nonostante nelle gallerie l'acqua fosse alta fino al ginocchio; il fumo provocò la morte per soffocamento di molte sentinelle e minatori veneti che stazionavano in quel settore. A marzo, con l'arrivo dei nuovi rinforzi, l'intensità dei combattimenti aumentò e l'assedio riprese il consueto micidiale andamento. Il bastione che oppose la resistenza più ostinata fu quello di Sabbionera, contro il quale gli ottomani concentrarono 26 cannoni e 8 mortai suddivisi in 7 batterie per battere in breccia la muraglia. Contro una di queste batterie il 31 marzo 1669 i veneziani innescarono una gigantesca mina caricata con duecento quintali di polvere. La spaventosa esplosione fece volare in aria i pezzi a tutti gli artiglieri e la pioggia di detriti mise in fuga la fanteria che si trovava nelle trincee; la forza dell'esplosione provocò in città il crollo di un campanile, sollevò un'enorme quantità di detriti che travolse una ventina di soldati veneziani e ricoprì di terra la ridotta dove si trovava il defterdar pasha (il responsabile amministrativo dell'armata), che rimase ucciso. All'inizio dell'estate del 1669, fallita la grande sortita francese del 25 giugno e il bombardamento del campo turco tentato il 24 luglio dalla flotta, la situazione dei difensori era ormai disperata. I baluardi di Sant'Andrea e Sabbionera erano ridoti a un cumulo di macerie; i turchi con incredibile ostinazione continuarono ad avanzare con gli approcci e le mine, diminuendo l'intensità degli assalti ma mantenendo costante la pressione con scambi di fucileria e lanci di granate; a Sant'Andrea piazzarono una batteria di sette cannoni per colpire l'interno della cortina e la prima delle tagliate realizzate all'interno del baluardo, ormai prossimo a cadere. Dentro la città le condizioni dei difensori peggioravano ogni giorno: i soldati *laceri e immiseriti*, ormai allo stremo e ridotti a dormire all'aperto in mancanza di quartieri in cui ricoverarli; gli ufficiali, stremati e ridotti in pietose condizioni, cercavano di rianimare le truppe prendendo posizione sulla linea del fuoco, rischiando in più occasioni la vita: il 10 maggio il marchese di Saint'André-Montbrun fu ferito al volto dall'esplosione di un

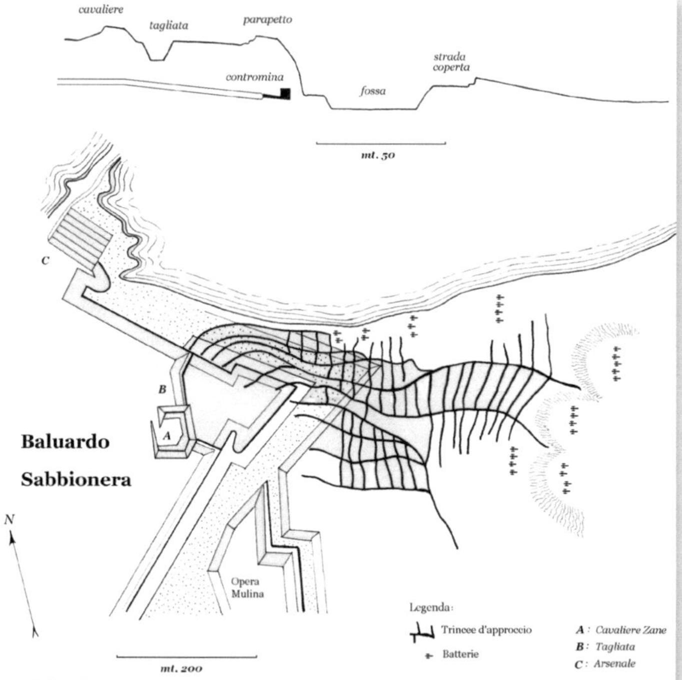

◄ **Approcci turchi al baluardo di Sabbionera** a Candia, come si presentavano nel settembre del 1669, alla resa della città. I veneziani avevano realizzato una difesa supplementare scavando una *tagliata* sotto il cavaliere del baluardo. I progressi turchi in questo settore furono modesti in confronto a quelli ottenuti al baluardo di Sant'Andrea. Gli assedianti rinominarono a modo loro le fortificazioni: Sabbionera era il *Bastione Rosso*; il Vitturi diventò il *Bastione Bianco*; il Betelem ricevette il nome di *Bastione degli Ebrei*, mentre il Martinengo fu noto come *Trappola per i maiali.* (da col. Bigge, La guerra di Candia nel 1667-69

Turkish trenches in front of Sabbionera bastion in Candia, as it appeared in September 1669. The Venetians had made an additional defense digging a cut under the rider's bastion. The Turkish progress in this area were modest in comparison to those achieved at Sant'Andrea. The besiegers renamed the fortifications in their own way: Sabbionera was the 'Red Bastion', the Vitturi became 'the White Bastion'; Betelem received the name 'Bastion of the Jews', while the Martinengo was known as a 'trap for the pigs'.

fornello a Sant'Andrea, mentre il suo aiutante rimase sepolto fino al collo sotto i detriti; tre giorni dopo il provveditore Caterino Cornaro fu mortalmente ferito da un proiettile esplosivo sparato da un mortaio turco mentre si trovava nel rivellino di Santo Spirito. Morosini continuò a impiegare gli uomini che aveva a disposizione nel modo migliore, schierando in prima linea le truppe italiane, i greci e gli oltremarini e utilizzando come riserva tattica gli alemanni e i contingenti più freschi ma meno esperti di quel tipo di guerra, come aveva sperimentato con *le genti di Brunswick*, le quali - *benché universalmente belle* - si trovarono in difficoltà quando sostennero per la prima volta un assalto turco a Sant'Andrea. Le truppe erano disposte su più ordini, in modo di sostenersi a vicenda e aumentare all'occorrenza l'intensità del fuoco, con manipoli di granatieri e altri fanti armati di picche e brandistocchi, pronti a intervenire nei settori più minacciati. La resistenza veneziana continuò a oltranza, nonostante il venir meno del soccorso francese, il cui comandante iniziò a mostrarsi sempre meno disposto ad assecondare i disegni di Morosini, fino a ordinare il reimbarco delle truppe entro la fine dell'estate. Le malattie e le diserzioni fecero crescere i vuoti fra i difensori; la città era semidistrutta; la popolazione – i pochi vecchi, donne e bambini che ancora sopravvivevano fra le macerie - *ridotta a estrema miseria*; i turchi contribuirono a far vacillare il morale lanciando dentro la città biglietti contenenti l'offerta di resa. Il 10 agosto Köprülü Ahmed ordinò un potente assalto nei cruciali settori di Sant'Andrea e Sabbionera; Morosini rispose facendo esplodere un gigantesco fornello di cento barili, preparato da tempo davanti alla tagliata di Sant'Andrea, che annientò come un gigantesco colpo di maglio centinaia di avversari. A Sabbionera i turchi riuscirono a conquistare alcuni bonetti, ma la tenace resistenza dei savoiardi e dei soldati francesi che ancora si trovavano in città respinse la minaccia. Invano Morosini richiese al duca de Noailles di far rimanere 3.000 uomini delle sue truppe, in modo che, unendoli agli altri ancora in grado di combattere, poteva garantire la resistenza della piazza fino all'arrivo dei nuovi soccorsi che Venezia stava raccogliendo. Negli ultimi otto mesi gli scontri avevano raggiunto una violenza mai vista prima; i turchi avevano effettuato 56 assalti, tutti contro Sant'Andrea e Sabbionera, sostenuti dal fuoco di 59 batterie; le mine innescate erano state 472 e i combattimenti sotterranei 45. Le contromine e i fornelli dei difensori andarono a segno 1.172 volte, per 96 volte assalirono le trincee nemiche e consumarono 84.874 granate di vetro e 100.960 di metallo. Una volta partiti i francesi, seguirono i maltesi e con questi anche altri contingenti dichiararono attraverso i loro comandanti l'intenzione di

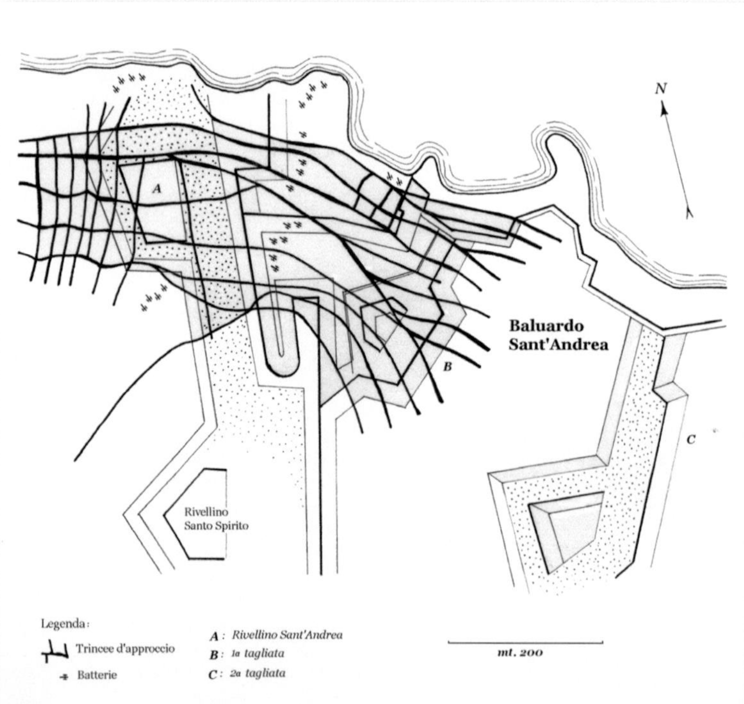

◄ **La difesa del baluardo di Sant'Andrea** a Candia fu straordinariamente accanita e per prolungare la lotta i veneziani realizzarono nel 1669 due tagliate, arretrando di circa sessanta metri, ma presentando ogni volta agli avversari un nuovo ostacolo da superare. Al termine dell'assedio, il baluardo fu ribattezzato dagli ottomani Bastione della Resa. (da col. Bigge, La guerra di Candia nel 1667-69).

The defense of the Sant'Andrea bastion in Candia was extraordinarily fierce and to prolong the struggle the Venetians realized in 1669 two cut backlog of about sixty meters, but by presenting their opponents every time a new obstacle to overcome. At the end of the siege, the bastion was renamed by the Ottomans 'the Surrender Bastion'.

F) Corpo di soccorso del re di Francia - giugno 1669:

Fanteria, *Regiment*:	organico:	
	Brusoni	Bigge/Susane
Gardes Françaises	3 comp.	3 comp.
Espagny	4 comp.	4 comp.
Saint Valzer	4 comp.	4 comp.
Lignieres	4 comp.	2 comp.
Montaigu	4 comp.	4 comp.
Lorraine	4 comp.	4 comp.
Rozan	3 comp.	3 comp.
Bretagne	4 comp.	2 comp.
Conti	2 comp.	2 comp.
Grancey	4 comp.	4 comp.
Montpezat	2 comp.	2 comp.
Vendome	2 comp.	2 comp.
La Fere	2 comp.	2 comp.
Chateau-Thierry	2 comp.	2 comp.
Jonzac	4 comp.	4 comp.
Rovergue	4 comp.	4 comp.
Ufficiali riformati	2 comp.	2 comp.
TOTALE	54 comp.	50 comp.

535 Guardie a piedi; 4.490 fanti e 232 ufficiali riformati (Bigge e Susane) 7.000 uomini di fanteria, cavalleria e marinai (Brusoni)

Cavalleria:	organico:
Mosquetaires du Roi	2 comp.
Cavalerie legere	3 comp.

223 *mosquetaires du Roi* e 328 di *cavalerie legere*.

Comandante in capo : duca Annes de Noailles; luogotenente generale: De Bret; brigadieri generali: Castellan (guardie); De Choiseul (cavalleria); maresciallo di Campo: Colbert (fanteria); intendente generale: Delacroix; commissario generale: Jacquiere. Note: dal totale sono stati defalcate le 10 compagnie (800 fanti) del reggimento *d'Harcourt*, associato al contingente francese ma inviato dal duca di Lorena e già considerato nella tabella D.

abbandonare la difesa. Al capitano generale rimanevano solo 3.792 uomini coi quali a quel punto era impossibile continuare la resistenza; dopo aver riunito per un ultima volta il consiglio di guerra, inviò un messaggio al gran visir e il 26 agosto aprì le trattative per la resa. Ma mentre le parti discutevano, turchi e veneziani tornarono più volte a incrociare le armi con improvvise e violente schermaglie. Da parte ottomana c'era la convinzione che penetrando ulteriormente in città si potevano ottenere condizioni di resa più favorevoli, cosa che obbligava i difensori a non cedere per non trovarsi costretti a negoziare in stato di inferiorità. I turchi allestirono una batteria di dieci cannoni davanti alla tagliata di Sant'Andrea, con la quale il 3 settembre aprirono improvvisamente il fuoco contro la palizzata. Temendo che seguisse un nuovo assalto generale, i difensori innescarono un fornello da tempo preparato e a questo modo fecero volare in aria la batteria. Quell'infernale esplosione chiuse gli ultimi otto mesi dell'assedio con un bilancio che da parte veneziana dichiarava la perdita di 12.716 uomini, esclusi gli oltre 2.000 caduti francesi nelle sortite del dicembre 1668 e del giugno di quell'anno; per i turchi il conto delle vittime riportava la cifra di 37.719 morti e 7.917 feriti. Il 6 settembre il capitano generale da mar Francesco Morosini firmava la resa della città, ottenendo l'evacuazione della guarnigione e della popolazione che intendeva lasciare l'isola, preparandosi a difendere se stesso e la sua scelta nel processo che inevitabilmente sarebbe seguito. La definitiva conclusione delle ostilità avvenne dopo un anno e mezzo, poiché restavano da definire i confini in Dalmazia. Il 27 luglio del 1671 si chiudeva infine il conflitto fra Istanbul e Venezia, il quinto combattuto fino allora dai due Stati, al quale i contemporanei non seppero trovare altro paragone se non rifacendosi alla leggendaria guerra di Troia.

I MORLACCHI

L'emigrazione in territorio veneto di popolazioni seminomadi, provenienti dalle regioni interne dei Balcani, risaliva già al XVI secolo, quando il loro insediamento era stato incentivato per ripopolare ampie zone di confine esposte alle incursioni ottomane.

Si trattava perlopiù di comunità di pastori cristiano-ortodossi della Bosnia Erzegovina, del Montenegro e anche dell'Albania, con una gerarchia fortemente strutturata, perciò adatte ad assolvere il duplice ruolo di coloni e soldati, secondo uno schema del tutto simile a quello che avveniva contemporaneamente sul *Militärgrenze* austriaco. La guerra con gli ottomani portò in pochi anni a una rapido aumento di queste comunità in territorio veneto. Da poche decine alla volta fino ai 430 morlacchi che nel marzo del 1647 si insediarono nell'agro di Pula - trascinando un gregge di 4.500 animali - in pochi anni si arrivò a più di 5.000 *famiglie*, dalle quali fu possibile ottenere un corpo 3000 confinari a piedi e a cavallo.

Il loro contributo per la difesa della Dalmazia fu importantissimo; guidati da loro capi Stjepan Sorich e Nicola Mandusich i morlacchi impegnarono gli ottomani in una accanita guerra di confine fatta di incursioni e imboscate, nelle quali raramente facevano prigionieri. Il bellicoso temperamento di questi soldati, ugualmente spietati verso soldati e civili, costituiva a volte un problema per i comandanti veneti. Nell'aprile del 1648, approfittando di un incidente accaduto dopo la resa di Clissa, i morlacchi uccisero e derubarono i civili che stavano evacuando la città e nonostante il tentativo degli ufficiali veneti di arrestare la strage, i morti furono oltre un centinaio.

Un anno, dopo nel corso dell'assedio a Risano di Cattaro, vedendo che fra gli assedianti c'erano dei morlacchi, gli ufficiali turchi risposero negativamente all'offerta di resa e di libera evacuazione avanzata da Lunardo Foscolo, chiedendo al provveditore come mai Venezia lasciasse che i suoi soldati usassero tanta crudeltà verso i civili incendiando case e bruciando raccolti: "e avendo inteso che ciò fosse per impulso e fatto da privati contro l'intenzione del provveditore generale, risposero che se il comandante non era buono da farsi obbedire non sarebbe mai stato sincero".

L'odio feroce fra turchi e morlacchi trasformò la guerra in uno spietato scontro etnico senza quartiere, così, appena potevano, gli ottomani ripagavano i confinari di Venezia con un trattamento altrettanto crudele. Nell'estate del 1648, nel corso della campagna di Foscolo nella Lika, i morlacchi furono respinti e inseguiti dai turchi fino al confine, perdendo due dei loro maggiori comandanti: Sorich fu catturato e ucciso dopo aver subito le torture più dolorose, mentre Mandusich cadde in combattimento, il suo cadavere straziato e la testa gettata nel campo avversario.

Dopo le fiammate di guerra del 1646-49 il confine fra Bosnia e Dalmazia conobbe periodi di relativa calma, interrotti dalle scorrerie turche contro Zara nel 1650, l'assedio veneto a Duare dell'anno

► **Arnavut Abdi Abdurrhaman**, luogotenente dell'aga dei giannizzeri nel 1667, fu un altro degli ufficiali presenti a Candia destinati a una prestigiosa carriera; promosso comandante divenne in seguito beglerbeg d'Ungheria, cadendo in combattimento nel 1686 mentre dirigeva valorosamente la difesa di Buda assediata dagli imperiali.
(Inc. di Jacob Peters e Romeyn de Hooge, Historisches Museum, Wien)

Arnavut Abdi Abdurrhaman, lieutenant of the Janissaries Aga in 1667, was another of the officers present at Crete destined for a prestigious career. He was later promoted to beglerbeg of Hungary, falling in combat in 1686, while directing the defense of Buda by the Austrians.

◄ **Ritratto immaginario di Stjepan Sorich, 1688.**
(collezione privata, Venezia)
Stjepan Sorich, 1688 imaginary portrait.

seguente e i reciproci saccheggi nei dintorni di Trau e nella Lika nel 1653. L'assenza di azione, con la conseguente diminuzione del bottino di guerra, unita al ritardo con cui da Venezia si saldavano le paghe, provocarono diverse contrarietà fra i morlacchi. Alcune famiglie riattraversarono il confine per installarsi nei pressi di Signa (Sinj) in territorio ottomano, altri si diedero a *scelleratezze più enormi*: facevano schiavi i disertori veneti *oltre a commettere fra di loro furti di fanciulli* vendendoli ai turchi; si verificarono anche atti di pirateria contro le comunità delle isole di Brazza (Brač) e Liesina (Hvar), tanto che l'Adriatico sembrò infestato come al tempo degli uscocchi. Il provveditore Girolamo Foscarini provò a intervenire con il pugno di ferro per riportare l'ordine e perseguire i colpevoli, spesso protetti dall'omertoso atteggiamento dei capi clan, ma la necessità di guerra fecero prevalere un atteggiamento blando da parte del governo, preoccupato di perdere il supporto dei bellicosi guerrieri-pastori balcanici.
La guerra in Dalmazia riprese un certo vigore nel marzo del 1654 con la campagna dei veneti contro Knin, alla quale parteciparono 1.600 fanti morlacchi più altri 300 a cavallo. L'assedio si concluse però con una dura sconfitta, durante la quale i confinari abbandonarono i posti da loro tenuti per tornarsene alla loro case, rifiutando ogni promessa di denaro.
Prima della fine di quella campagna il capo morlacco Smiglianovich, colonnello di un reggimento a cavallo, fu sorpreso dai turchi mentre, carico di bottino, si trovava a due giornate di marcia dal confine e massacrato assieme a un centinaio dei suoi uomini. I morlacchi continuarono a servire in qualità di confinari a piedi e a cavallo, opponendosi alle incursioni che i turchi sporadicamente lanciavano sui maggiori centri. Scontri e incursioni avvennero attorno a Spalato nell'ottobre del 1657, quindi nel 1659 fra Sebenico e Trau, nuovamente a Sebenico e Spalato nel 1660 e nel 1665, nei pressi di Zara nel 1662 e nel 1666 e infine a Clissa nel 1669.

IL SOLDATO SEMPLICE DEL SEICENTO

E' arduo ricostruire un quadro sociale e culturale dei soldati che parteciparono alla guerra di Candia, trovandoci in un epoca dove le fonti si concentrano più facilmente a illustrare le gesta degli aristocratici ufficiali, riservando ai comuni soldati poche solo poche citazioni. Tuttavia una vivida descrizione dei soldati comuni che si trovavano a Candia ci è pervenuta grazie

▲ **Soldato.** (disegno di Gerhard Ter Borch, Libreria del Palazzo Reale, Torino)

Soldier. (artwork of Gerhard Ter Borch, Libreria del Palazzo Reale, Torino)

al capitano Johann Scheither, che nel 1669 militò col grado di capitano nelle truppe del Braunschweig Lüneburg: "Ai nostri tempi la massima parte dei soldati Cristiani sono gente assai diversa per religione, lingua, modo di vivere, come anche per foggia di vestire e nel temperamento, e non da paragonarsi ai turchi in generale. Quel che c'è in loro di più notevole e di più valoroso è che hanno abbastanza coraggio nell'eseguire quanto viene loro comandato e non temono il pericolo, per quanto possa essere talvolta assai grande.

A Candia erano stimati sopra gli altri i tedeschi, poi gli schiavoni e i greci, e quindi quelli delle altre nazioni. I tedeschi possono sopportare un po' meglio il freddo e i disagi, mentre gli altri molto più malamente e a stento nei momenti di penuria si accontentano di mangiare e di bere, non badando gran fatto a quel che sarà di loro. Del resto i soldati sono in massima parte così fatti, che anzitutto non sentono timor di Dio, bensì si macchiano senza scrupolo di peccati e di vizi di ogni sorta e sogliono animalescamente bestemmiare. Insaziabili nel mangiare e nel bere, passano spesse volte il giorno e la notte in gozzoviglia peggio delle bestie, e contano come massima loro felicità e vita di Paradiso quando hanno abbastanza da ingozzare, e se il soldo loro non basta, si danno alla rapina e ricorrono anche ad altri mezzi. In marcia e al campo sono abituati per modo che si ha gran da fare a dare loro ordini e divieti per tenerli a posto e presso i reggimenti, affinché non mettano tutto a sacco il paese e non finiscano per dar essi il colpo di grazia". In maniera a volte indiretta si riescono a rintracciare storie di semplici soldati che ci permettono di capire qualcosa riguardo la mentalità degli uomini che componevano i ranghi dei combattenti e sulle dinamiche che li portava ad arruolarsi. Nella storia di Brescia di Giovanni Treccani Degli Alfieri si raccontano le vicende di alcuni pregiudicati locali, ricercati dalle autorità veneziane per furti e rapine accaduti nel 1647. Uno di questi malviventi, Pietro Aurelio Porcellaga, già bandito dalla città, era stato nuovamente catturato e, dato il grande bisogno di uomini che la Repubblica aveva per la guerra contro i turchi, gli venne proposto di commutare il bando presentandosi come volontario per servire in Dalmazia per un anno e una volta trascorso quel periodo, scontare altri cinque anni di relegazione a Zara. Il Porcellaga poteva diminuire gli anni di pena se trovava altri volontari, perciò - per concedergli questa opportunità - la condanna gli fu sospesa per un mese. Si trattava di un metodo per trovare reclute usato abbastanza frequentemente anche in altri Stati italiani, secondo la mentalità dominante all'epoca che considerava gli uomini violenti come i più adatti a portare le armi, ottenendo il duplice fine di purgare la società dai soggetti pericolosi e al contempo offrire una possibilità di riscattarsi con l'onorato mestiere di soldato.

LE TAVOLE - THE PLATES

TAVOLA A; GUARNIGIONI A CRETA, 1645-47

1: ufficiale di fanteria olandese. Le Province Unite dei Paesi Bassi fornirono nella prima metà del Seicento molti soldati alla repubblica amica dell'Italia settentrionale. All'inizio della guerra erano presenti a Creta non meno di 300 soldati olandesi, riuniti in compagnie autonome, che combatterono nei dintorni de La Canea e alla difesa di Retimo fra il 1645 e il 1646. Nel corso del conflitto non giunse altra fanteria mercenaria dai Paesi Bassi, ma Venezia acquistò ad Amsterdam molti vascelli e arruolò marinai e altri specialisti. (Ric. da Collezione Vinkhuiyzen, Id. 91553, Vereenigde Provincien der Nederlanden; New York Public Library)

1: Dutch Infantry Officer. *The United Provinces of the Netherlands provided many soldiers in the first half of 17th century to the friend Northern Italian Republic. At the beginning of the war were in Crete at least 300 Dutch soldiers, forming independent companies, who fought in the defense of La Canea and Retimo between 1645 and 1646. During the conflict no other mercenary infantry came from the Netherlands, but Venice bought in the Seven Provinces many ships and enlisted sailors and other specialists.*

2: moschettiere provvisionato. Alla metà del XVII secolo la fanteria costituiva oltre l'80% dell'intero dispositivo militare veneto. All'inizio della guerra i veneziani schieravano a Creta reggimenti e compagnie autonome italiane, corse e oltramontane; quest'ultime comprendevano tedeschi, svizzeri, olandesi e francesi. (Ricostruzione da un disegno del Codice Bottacin, Padova e da un particolare del quadro di Vecellio a Palazzo Ducale, Venezia)

2: commissed Musketeer. *In the half of 17th century the infantry constituted over 80% of the whole Venetian army. At the early stage of the war, the defenders deployed in Crete regiments or independent company of Italians, Corses and 'ultramontani' including German, Swiss, Dutch and French soldiers.*

3: cavalleria feudata. I veneziani disponevano a Creta di una milizia formata da cavalleria e fanteria che sulla carta ascendeva a oltre 10.000 uomini, che secondo i piani della Repubblica potevano essere aumentati fino a 70.000. Mentre le truppe a piedi erano formate principalmente da contadini cretesi, nella cavalleria si concentravano i 'creoli' e gli altri possidenti veneti, i quali formavano compagnie di feudati. Questi reparti, quasi sempre con organici molto inferiori a quelli teorici e dotati di armamenti spesso obsoleti, si rivelarono poco affidabili e di scarsa utilità, tanto che prima dell'assedio di Candia furono in gran parte disciolti. (Ricostruzione da un particolare di una crocefissione di Emanuele Tzanes, scuola cretese metà XVII secolo; Museo dell'Hermitage, San Pietroburgo)

3: Cretese militia cavalryman. *The Venetians had in Crete a militia composed of cavalry and infantry, amounting on paper to more than 10,000 men, which according to the plans of the Republic could be increased up to 70,000 men. While the infantry was made up mainly of Cretan peasants, the 'Creols' and the Venetian owners constituted the 'feudal' cavalry. These units, almost always with low organic and outdated weaponry, proved to be unreliable and useless and before the siege of Candia were largely disbanded.*

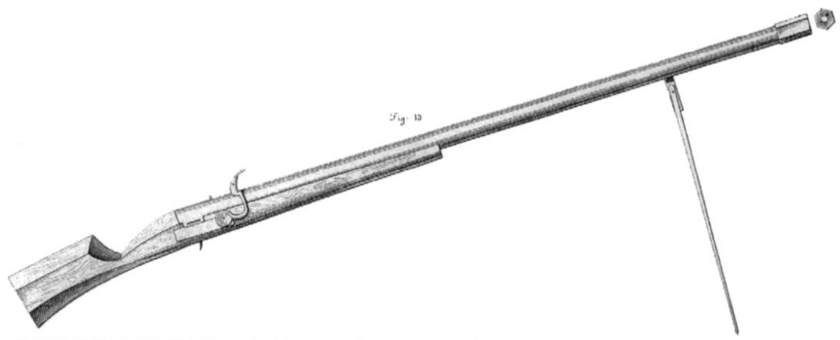

▲ **Un moschetto da spalto turco** della seconda metà del XVII secolo, riprodotto nell'opera di Cevad Ahmed Beg: Etat Militaire Ottoman depuis la Fondation de l'Empire jusqu'à nos jours, pubblicato a Istanbul del 1882. Queste pesanti armi, lunghe in certo casi oltre due metri, furono ampliamente usate a Candia per bersagliare le postazioni difensive e più di una volta misero a segno importanti centri uccidendo importanti ufficiali avversari.

A later 17th century turkish rampart musket, reproduced in the work of Cevad Ahmed Beg: 'Etat Militaire Ottoman depuis la Fondation de l'Empire jusqu'à nos jours', published in Istanbul in 1882. These heavy weapons, in some cases long more than two meters, were widely used at Candia to target the defensive positions and more than once killed in this way important enemy officers.

4: provveditore veneziano. Nella Repubblica di Venezia il titolo di provveditore era attribuito ai funzionari del governo eletti dai diversi consigli nei quali era articolato lo Stato. Questi funzionari avevano il compito di 'provvedere' a specifiche materie o al governo di città o di intere provincie. Si trattava pertanto di personaggi chiave del sistema politico veneziano, sia nelle questioni di ordine civile che in quelle militari. Il doppio ruolo ricoperto li accomuna sotto molti aspetti ai pasha e ai beglerbeg ottomani, benché questi ultimo fossero principalmente dei capi militari. (Ricostruzione da un ritratto di un provveditore veneto della metà del XVII secolo, Venezia, collezione privata)

4: Venetian provveditore. In the Republic of Venice the title of the 'Provveditore' was given to government officers elected by the various councils which were articulated the state. These officers were responsible of specific subjects or the government of cities or entire provinces; they were therefore the key figures of the Venetian political system, both in civil and military affairs. The double role makes them similar in many respects to the Ottoman pasha and beglerbeg, although the latter were mainly military leaders.

TAVOLA B; DALMAZIA E ALTRI FRONTI, 1647-64

1: corazza italiana. Tutte le fonti coeve indicano che la cavalleria pesante veneziana impiegava le protezioni metalliche in misura maggiore di quanto facevano i loro colleghi stranieri, tanto che i corazzieri della Serenissima erano soprannominati 'padelloni'. Le fonti documentarie successive dimostrano comunque che questa tendenza sopravvisse a lungo a Venezia. La corazza raffigurata indossa un classico coietto di pecora e protezioni metalliche di produzione bresciana. L'armamento offensivo è costituito da una spada pesante alla vallona, carabina a terzetta, verosimilmente con l'acciarino a ruota, e un paio di pistole da fonda. (Ricostruzione da un dipinto del Bassano, palazzo Ducale, Venezia; elmo a taschetto, Museo Civico di Palmanova)

1: Italian cuirassier, 1650-60. All contemporary sources indicate that the Venetian heavy cavalry employed metal plates more than did their foreign colleagues, so the Venetian cuirassiers were nicknamed 'iron pot'; later documentary sources, however, show that this trend will long survive in Venice. The Cuirassier depicted wearing a classic leather coat and an armor from Brescia's manufacture. The weaponry includes a heavy Walloon sword, a probably wheel lock carbine and a pair of pistols.

2: fante morlacco, seconda metà XVII secolo. Molti elementi del costume morlacco appartenevano a quelli tradizionali delle popolazioni dei Balcani dedite alla pastorizia: i pantaloni di lana attillati erano infatti caratteristici delle popolazioni dell'entroterra e della montagna. Altra caratteristica dell'equipaggiamento di questi rudi guerrieri era il mantello realizzato con una semplice coperta e portato ripiegato sulla spalla. I morlacchi usavano volentieri anche armi da taglio come asce e pugnali e non sempre utilizzavano la spada. Il copricapo di lana di agnello era tipico anche delle comunità di arumani della Bosnia e dell'Albania. Il moschetto è un tüfek turco di preda bellica. (Ricos. da Il Costume Antico e Moderno, Venezia 1750; Mid-Manhattan Picture Lib, ID 827894; NY P. Library)

2: Vlach infantryman, second half 17th century. Many elements of traditional Vlach costume belonged to those of the shepherd peoples from Balkans: the wool pants were in fact typical among the hinterland and mountains population. Another equipment feature of these rough warriors was the cloak, a simple blanket folded carried on the shoulder. The Vlachs also used polearms such as axes, and knives, but not always used swords. The headgear of lamb's wool was also typical of the nomadic communities from Bosnia and Albania. The musket is a Turkish tüfek of war booty.

3: cappelletto a cavallo, metà del XVII secolo. La cavalleria leggera veneziana reclutata in Dalmazia prendeva il nome dal caratteristico copricapo, di cui il modello rappresentato appartiene a una tipologia molto diffusa nel XVII secolo. (Ricostruzione da incisioni di C. Vecellio e G. Franco; dipinto di J. Lelerc, Palazzo Ducale, Venezia)

3: cappelletto cavalryman. half 17th century. The light cavalry recruited in Dalmatia derived its name from the distinctive headgear, as the example illustrated, belonging to a very common seventeenth century typology.

4: fanteria albanese, ca. 1660. Assieme agli schiavoni e ai greci, gli albanesi rappresentavano un altra importante componente della fanteria oltremarina. Per tutto il XVII secolo queste unità si equipaggiarono secondo gli standard delle regioni di provenienza e ricevevano da Venezia solo le armi da fuoco. Mentre i semplici soldati vestivano nello stile tradizionale, alcune fonti di epoca successiva mostrano che gli ufficiali oltremarini mescolavano accessori e capi di abbigliamento locale con altri di tipo occidentale. (Ricostruzione da Il Costume Antico e Moderno, Venezia 1750; Mid-Manhattan Picture Library ID 827894, NY Public Library, replica di un moschetto bresciano, metà XVII secolo, Gardone Val Trompia, collezione privata)

◄ **Il gran visir Ahmed Köprülü** assunse il comando delle operazioni a Creta alla fine del 1666 e nella primavera seguente ordinò l'assalto ai baluardi Panigrà, Betelem e Martinengo ma, visti i continui insuccessi, nel giugno del 1668 scelse di concentrare gli sforzi contro i settori più vicini al mare, che effettivamente costituivano i punti deboli della difesa. L'imponente rete di trincee realizzata dai suoi uomini valse al gran visir il soprannome di *fazil*, cioè scavatore. (Illustrazione dal Theatrum Europeum, Francoforte sul Meno,1670)

The grand vizier Ahmed Koprulu assumed command of operations in Crete at the end of 1666 and the following spring he ordered the assault against Panigrà and Martinengo sectors but, after the continuous failures, in June 1668 chose to focus the efforts in the areas closest to the sea, actually were the weaknesses of the defence. The impressive network of trenches made by his men earned him the nickname 'Fazil', ie excavator.

▲ Il generale fiammingo Gilles De Haes entrò al servizio della Repubblica di Venezia nel 1645, dopo aver combattuto per l'imperatore e l'elettore di Baviera contro l'unione evangelica e i francesi. De Haes non proveniva da una famiglia aristocratica e aveva risalito tutta gerarchia militare iniziando da soldato semplice, il che lo rese più di una volta oggetto di giudizi poco lusinghieri, nonostante si trattasse di un abile e intelligente soldato. Nel corso del primo assedio di Candia nel 1648, De Haes diresse con determinazione la difesa della città, respingendo gli assalti turchi. Il suo temperamento lo portò in molte occasioni a entrare in conflitto con i provveditori veneziani, tanto che per due volte il Senato lo sospese dai suoi incarichi. Dal 1651 al 1652 De Haes fu reintegrato come comandante a Candia, poi nel 1658 divenne governatore delle armi in Dalmazia, dove si spense un anno dopo all'età di 60 anni. (Ill. da: Gilles De Haes, homme de guerre du XVII siècle, di Charles Rahlenbeck, Bruxelles, 1854).

The flemish general Gilles De Haes entered in service of the Venetian Republic in 1645. De Haes did not come from an aristocratic family and he had climbed all the military hierarchy beginning with soldier; this made him more than once the subject of unflattering opinions, although he was a skillfull and intelligent officer. During the first siege of Candia in 1648, he led vigorously the defense of the city, successfully rejecting all Turkish attacks. His temperament led him on many occasions to come into collision with the Venetian Provveditori, and the Senate suspended him twice from military service. From 1651 to 1652 De Haes was reinstated as commander in Crete, then in 1658 became military governor in Dalmatia, where he died a year later at age 60.

4: Albanian infantryman, ca. 1660. *Together with Slavs and Greeks, the Albanians represented another group of 'Ultramarine' infantry. Throughout the 17th century these units were dressed in regional costume and receiving from Venice just firearms. While the private soldiers dressed in more traditional style, some sources of a later period shows ultramarine officers wearing mixed local and Western-style accessories and clothing.*

TAVOLA C; GUERRA DI LOGORAMENTO, 1648-55

1-3: fanteria francese: picchiere, moschettiere e sottufficiale, 1648-49. Venezia noleggiò nel 1648 un reggimento francese reclutato dal conte Achilles de Romorantin che, secondo le notizie dell'epoca, era un'unità ben equipaggiata e dall'aspetto particolarmente superbo. Il reggimento combatté alla difesa di Candia fino al 1649. Caratteristico dell'abbigliamento della fanteria francese di quel periodo è l'utilizzo dei calzoni lunghi fino oltre il ginocchio, di derivazione olandese.(Ricostruzione da Maurice Leloir, Histoire du Costume e illustrazioni dal General de Bataille; Parigi, 1647)

1-3: French mercenary infantry: pikeman, musketeer and NCO. *Venice hired in 1648 a French regiment, recruited by Count Achilles de Romorantin, and according to the source was a well equipped and finest looking unit. The regiment fought in the defense of Candia until 1649. Characteristic of French infantry clothing of the period were the knee-length trousers of Dutch style.*

4: fante greco, 1655. Le comunità greche soggette a Venezia fornirono un gran numero di uomini alla Repubblica, che li impiegò tanto sulle navi che a terra. A Candia la guarnigione fu alternativamente costituita da italiani, schiavoni, oppure oltramontani, tuttavia comprese sempre una consistente aliquota di soldati ellenici. Nel 1651, ad esempio, il presidio a difesa della città era formato da 4.440 uomini di cui 1.005 provenivano dalla Grecia; altri 1.602 erano reclutati in Germania e Svizzera e 804 in Corsica; i soldati nazionali e oltremarini costituivano un totale di 2.034 unità, di cui 691 italiani e 338 schiavoni. Le informazioni sull'abbigliamento e l'equipaggiamento della fanteria greca nel Seicento sono molto scarse, ma grazie a un ex voto proveniente da una chiesa della penisola di Mani e risalente agli anni della guerra è possibile ricavare un'idea più accurata sull'aspetto di questi soldati. L'anonimo fante sopravvissuto alle campagne nell'arcipelago o nella stessa Candia è ritratto su un altorilievo in argento e questo purtroppo non fornisce alcun dettaglio sui colori, ma mostra alcuni elementi caratteristici del costume tradizionale greci, quali il berretto floscio e le ampie brache, mescolati a capi d'abbigliamento di chiara origine occidentale, come la giacca e le scarpe coi lacci. Le fonti iconografiche risalenti alla guerra di Candia indicano che la fanteria nazionale aveva adottato alla metà del XVII secolo abiti in prevalenza di colore rosso. (Fonti: ex voto, Penisola di Mani, altorilievo su argento datato 1655; Firenze, collezione privata)

4: Greek infantryman, 1655. *The Greek communities subject to Venice provided a large number of men in the Republic, which employed them both on ships and on land. In Candia the garrison was either made by Italians, 'Schiavoni' or 'Oltramontani', included always a substantial rate of Hellenic soldiers. In 1651, for example, the garrison consisted of 4,440 men of whom 1,005 came from Greece; other 1,602 were Germans or Swiss and 804 came from Corsica; the other 'national' soldiers were 691 Italians and 338 Slavs. Little is known about clothing and equipment of the Greek infantry in 17th century, but thanks to an ex-voto from a church of the Mani peninsula, dating back to the years of war, is possible obtain some information on these soldiers. The anonymous infantryman is portrayed on a silver relief and this unfortunately does not provide any details about the colors, but shows some typical elements of traditional Greek costume, such as floppy hat and the wide breeches, mixed with clothing of Western origin. Several iconographic sources indicate that in mid-seventeenth century the 'national' infantry dressed mostly in red.*

▲ **Alexandre de Puy, marchese di Saint'André-Montbrun,** fu l'ultimo governatore delle armi di Candia, assumendo quell'incarico all'età di sessanta anni e dimostrando in molte occasioni grande coraggio e determinazione. Prima della resa della città il marchese rimase ferito più volte, ma tornò sempre sui bastioni a rianimare i suoi uomini armato di spuntone e con l' elmo in testa. (Incisione di Antoine Masson da Gilbert Seve, Gabinet des Etampes de Musèe de Louvre, Parigi)

Alexandre de Puy-Montbrun Saint'André Marquis, was the last governor of weapons of Candia, assuming that charge at the age of sixty years and proving on many occasions great courage and determination. Before the surrender of the city, the Marquis was wounded several times but always came back on the ramparts to urge resistance his men, armed with pike and with the helmet on his head.

TAVOLA D; LA GUERRA DI MINA, 1667-69

1: ingegnere. Alla metà del XVII secolo con il termine ingegnere si identificava uno specialista con diverse competenze, comprendenti la realizzazione delle fortificazioni, la direzione dell'artiglieria, l'impiego degli esplosivi e la sua attività si esplicava tanto in ambito teorico che operativo, collocandosi a un livello intermedio fra l'artigiano sottufficiale e l'ufficiale. La guerra di Candia fornì un decisivo impulso alla codificazione delle attività degli ingegneri in senso più moderno, conferendogli il ruolo di specialista per eccellenza delle tattiche legate agli assedi. L'abbigliamento mostra le caratteristiche del periodo di transizione, e comprende un corpetto monopetto con maniche corte guarnite da fiocchi, portato su ampi pantaloni che coprono la gamba fino al ginocchio. La camicia di cotone bianco era messa in evidenza dalle piccole dimensioni del corpetto a pourpoint, tipico di quegli anni. All'esterno l'abito poteva essere completato da una mantella legata alle spalle, in questo caso assente per facilitare lo spostamento nelle gallerie. (Ricostruzione da Ter Borch e dallo Speculum Militare, Norimberga, 1665)

***1: Engineer.** In the half of 17th century the term engineer identified different specialist competence, including fortifications, artillery and explosives and its activities were both performed in theory and in operational one, placing it at an intermediate level between the officer and the NCO. The war of Candia represented a turning point to the codification of the engineers in a more modern meaning, giving them specialist role for the tactics related to the siege. The dress shows the characteristics of the transition period and includes a single-breasted 'pourpoint' jacket with trimmed short sleeves, worn over wide trousers covering the leg to the knee. The white cotton shirt was highlighted by the small size of the jacket, typical of those years. Outside the dress could be completed with a cape tied at the back.*

2: soldato di fanteria, 1667-69. Nella guerra di mina la fanteria impiegò preferibilmente armi di piccole dimensioni come pistole e terzette di cavalleria e anche il munizionamento era ridotto al minimo per agevolare gli spostamenti sottoterra.(Ricostruzione da Johann Scheither, Novissima Praxis Militari, 1670)

***2: Infantryman, 1667-69.** In the mine war the infantry preferably employed small arms, such as pistols and cavalry carbines and even the ammunition was reduced to a minimum to facilitate the movement underground.*

3: minatore. Nel dispositivo difensivo di Candia i minatori rappresentarono i principali attori del drammatico duello avvenuto sottoterra. I veneziani reclutarono minatori tanto nella Terraferma che in altri Stati dove si era sviluppata la tecnica della mina, inquadrati in compagnie formate da scavatori e da specialisti col grado di sottufficiale. (Ric. da Johann Scheither, Novissima Praxis Militari, 1670)

***3: miner.** During the defense of Candia, miners represented the major players in the dramatic duel fought underground. The Venetians recruited miners both in 'Terraferma' and other States where the technique of mine had been developed and they organized companies formed by diggers and specialists with the rank of sergeant.*

4: scavatore greco. Negli ultimi due anni di assedio, i veneziani impiegarono a Candia due reggimenti greci come scavatori e genieri nelle gallerie di contromina. Il contributo dei greci alla difesa della capitale fu considerevole e mediamente fra un quarto e un quinto della guarnigione di Candia fu sempre formato da volontari reclutati nelle isole dello Ionio o da altri provenienti da differenti regioni della Grecia. (Ricostruzione da Johann Scheither, Novissima Praxis Militari, 1670)

***4: Greek worker.** In the last two years of siege, the Venetians employed in Candia two Greek regiments as excavators and engineers in the galleries of countermine. The contribution of the Greeks to the defence of the capital was considerable and between one quarter and one fifth of the garrison was always formed with volunteers recruited in the Ionian Islands or others from different regions of Greece.*

▲ Modello di sagro da 9 libbre realizzato seguendo i disegni del Trattato di Artiglieria di Tommaso Moretti bresciano, stampato a Venezia nel 1665. I difensori impiegarono a Candia un numero elevatissimo di artiglierie. Nel 1668 vi sarebbero stati in città 340 pezzi, di cui circa 90 erano mortai o cannoni di grandi calibro e altri 110 quelli di calibro minore "ancora servibili". Il giudizio dei testimoni oculari sull'efficacia di queste armi non fu positivo. Su questo argomento così si esprimeva il colonnello Bigge, citando il capitano Johann Scheither: "Risultato più scarso ottenevano i veneziani con le loro artiglierie, (le quali) erano in gran parte inservibili, poiché quanto occorreva per la rifondata dei cannoni e per la fabbricazione degli affusti, delle ruote, delle munizioni, ecc., si trovava a Venezia. Anche il servizio dei pezzi era assai deficiente e trascurato. Gli artiglieri che ancora esistevano, italiani e greci in massima parte, erano delle vere bestie e tanto inetti che non badavano dove tiravano né dove colpivano, e talvolta facevano fuoco su di noi (...) recandoci danno e anche colpendo a morte molta della nostra gente, tanto che dovevamo guardarci dai loro cannoni più che da quelli del nemico. E quando questi amiconi ci giocavano un tiro di tal fatta se la ridevano alle nostre spalle, ne vi fu mai un ufficiale che intervenisse a questo riguardo. A tal fine poi vennero obbligati, quando volevano sparare, a farci un segnale con una banderuola, perché potessimo pensare a ripararci dal loro tiro". (Con l'autorizzazione della collezione delle artiglierie della Fondazione Querini Stampalia, Venezia)

Nine lb. Sagro model, realized after Tommaso Moretti's Trattato di Artiglieria, Venice 1665. The Venetians employed a large number of artillery in Candia. In 1668 there were 340 pieces in the city, of which about 90 were large-caliber guns or mortars and other 110 small weapons "still deployable". The opinion of the eyewitnesses on the effectiveness of these weapons was not positive. On this subject expressed it this way Colonel Bigge, quoting the captain Johann Scheither: "The Venetians obtained poor results with their Artillery, (which) were largely useless, as far as is necessary for the maintenance and the manufacture of carriages, wheels, ammunition was in Venice. The gunners still exist, mostly Italians and Greeks, were real beasts, and so inept that would not listen nor where to hit where they pulled, and sometimes did fire on us, bringing us harm and also shot dead a lot of our people, so we had to beware their guns rather than those of the enemy. And when these guys were playing us a shot of this kind if they laughed at our backs, nor was there ever an officer who intervened in this regard. To this end, then were forced, when they wanted to shoot, to make us a signal with a weather vane, so that we could think of shelter from their shot. When they wanted to shoot, to make us a signal with a weather vane, so that we could think of sheltering them from shooting".

TAVOLA E; L'ULTIMA DIFESA, 1667-69

1: venturiere francese e servitore. Nel settembre del 1667 il duca de La Feuillade aveva raccolto di sua iniziativa un corpo di 600 volontari per Candia, reclutandoli fra i cadetti delle famiglie aristocratiche e fra gli ufficiali dell'esercito di Luigi XIV. Circa un anno dopo l'arrivo a Creta, essi ottennero di poter eseguire una sortita in forze per distruggere le trincee turche. L'azione si concluse con una rovinosa sconfitta per i francesi, tuttavia l'impresa ebbe un eco molto vasta in Europa. Nella sortita, pianificata per la mattina del 18 dicembre del 1668, il contingente fu ripartito in quattro brigate: ogni gentiluomo era assistito da un servitore che gli ricaricava il moschetto e lo affiancava in combattimento. Il venturiere raffigurato veste con un giustacorpo all'ultima moda, indossato sopra una camicia ricamata, corpetto e brache alla Ringraeve, abbelliti con inserti e fiocchi di seta. I fucili montano moderni meccanismi a pietra del tipo alla romana. (Ricostruzione da Maurice Leloir, Histoire du Costume)

1: French 'venturiere' and servant. *In September 1667 the Duc de La Feuillade had collected on its own initiative for a corps a 600 volunteers to send to Crete, recruited from the aristocrat families and Louis XIV army's officers. About a year after they claimed to make a sortie in force to destroy the Turkish trenches. The action ended with a disastrous defeat for the French, however, this enterprise had a vast echo in Europe. In the sortie, planned for the morning of December 18th 1668, the contingent was divided into four brigades: every gentleman was assisted by a servant who reloaded the muskets and joined him in combat. The volunteer wears a fashionable 'justaucorp' over an embroidered shirt, vest and 'Ringraeve' style breeches, embellished with ribbons and silk inserts. The musket mounts a modern 'alla romana' flintlock.*

2: picchieri di un reggimento italiano. Nel corso delle sortite eseguite negli ultimi tre anni di assedio, la fanteria utilizzò ogni sorta di armi d'asta, come brandistocchi, corsesche e picca da breccia, tutte armi utili soprattutto per distruggere gli approcci avversari. A giudicare dalle fonti l'armamento difensivo era stato ridotto al minimo, in modo da non ostacolare i movimenti sul terreno di fronte alla città, attraversato da trincee e crateri; tuttavia gli elmi furono molto usati dai difensori, ufficiali compresi.
(Ricostr. da disegno di anonimo, Attacco de Turchi al Baluardo di Panigrà; Ms. VII – 200; Biblioteca Nazionale Marciana, Venezia)

2: Pikemen of an Italian regiment. During the sorties of the last three years of siege, the infantry used every kind of pole arm weapons most useful to destroy the enemy approaches. According to the sources, the defensive armament was strongly reduced, to facilitate the movement through the trenches crossed ground in front of the city; however helmets were largely employed by the defenders, officers included.

3: granatiere alemanno. Il berretto di cotone è una delle opzioni possibili adottate dai granatieri al posto dell'ingombrante cappello a larghe tese. (Ric. da Johann Scheither, Novissima Praxis Militari, 1670)

3: German grenadier. *The cotton cap is one of the possibly options used by the Grenadiers instead the large broad-brimmed hat.*

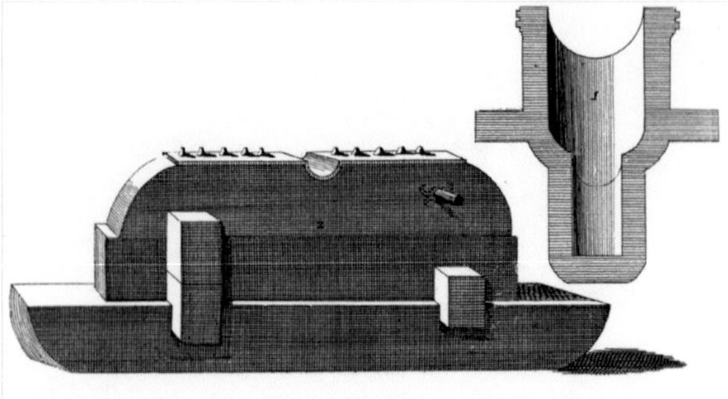

▲ **Mortaio ottomano.** A partire dal 1667 l'artiglieria ottomana impiegò a Candia un numero crescente di mortai di grande calibro. I resoconti parlano di pezzi fino a 300 libbre, con i quali si sparavano proiettili esplosivi o incendiari dentro la città. I mortai ottomani erano tutti realizzati in bronzo e montati su affusti in legno rinforzati da accessori di ferro in gran quantità. A giudicare dalle testimonianze coeve e dai reperti giunti fino a noi, i turchi non usavano vernici o pitture protettive e lasciavano le artiglierie nel loro aspetto naturale. (Illustrazione da L.F. Marsigli, Stato Militare dell'Imperio Ottomanno; Amsterdam, 1732)

Since 1667 the Ottoman artillery employed in Candia an increasing number of large-caliber mortars. Some reports related of pieces up to 300 pounds, shooting explosive or incendiary projectiles into the city. The Ottoman mortars were all made in bronze and mounted on wooden carriages reinforced with iron fittings in large quantity. To judge from contemporary evidence, the Turks did not use paint or protective varnish and left artillery in their natural appearance.

TAVOLA F: I PRIMI ASSALTI, 1645-48

1: corbaçi, ufficiale dei giannizzeri. I corbaçi erano i comandanti delle orta dei giannizzeri, le unità tattico-amministrative di base della fanteria turca. Ogni unità era identificata da un numero, che però non seguiva un criterio di rango; infatti la prima orta aveva il numero 19, la seconda il numero 1 e la terza il 111. In tempo di guerra ogni orta doveva aumentare il proprio organico a 600 uomini, ripartiti da 10 a 20 oda, ovvero camere. Il corbaçi raffigurato indossa un kaftan semplice con bottoniere a cappio e un alto copricapo kavuk guarnito da una fascia di seta bianca. Il rango dei combattenti era indicato dalla fascia alla vita, dai distintivi celeng sul copricapo e da accessori particolari come le giarrettiere al ginocchio, riservate anche ai soldati valorosi. (Ricostruzione dal Codex Vindobonensis, XVI-XVII secolo)

1: corbaçi, jannissaries officer. *The corbaci were the commanders of Janissary orta, tactical and administrative units of the Turkish infantry. Each unit was identified by a number, but did not follow a rank criteria, because the first orta had the number 19, the second number 1 and 111 the third. In time of war every orta was to increase its workforce to 600 men, divided by 10 to 20 'oda', or rooms. The corbaçi depicted wearing a simple kaftan with buttons and a high hat 'kavuk' garnished with a strip of white silk. The rank of the soldiers was indicated by the waist sash, by the distinctive celeng on headgear and by special accessories such as garters at the knee, distinctions used for brave soldiers too.*

2: giannizzero in tenuta da combattimento. (Ricostruzione da L. F. Marsigli, Stato Militare dell'Imperio Ottomano)
2: Janissary in combat dress.

3: fanteria all'assalto. In combattimento la fanteria del kapikulu svestiva i sontuosi apparati di corte per indossare capi di abbigliamento più pratici. Gli assalti, condotti all'arma bianca, erano guidati dai serdengeçdi, volontari scelti in genere fra i giannizzeri e accompagnati da un lugubre sottofondo di urla di incitamento.
(Ricostruzione da un'illustrazione ottomana della metà del XVII secolo, Collezione Bull; biblioteca del Museo Stibbert, Firenze)

3: Infantry assault. *In combat the kapikulu infantry undressing sumptuous court clothes to wear more practical items. The attacks, carried out with sabres and knives, were led by 'serdengeçdi', volunteers chosen among the Janissaries and usually accompanied by a gloomy background of encouragement cries.*

TAVOLA G: ARTIGLIERIA E SPECIALISTI, 1650-69

1: pasha. Pasha e beglerbeg erano i governatori delle principali province dell'impero e comandanti dei contingenti raccolti con la pubblicazione degli osür. In qualità di capi militari i pasha rivestivano un ruolo simile a quello dei generali cristiani. (Ricostruzione dal Codex Vindobonensis)

1: pasha. *Pasha and beglerbeg were the governors of the main empire provinces and commanders of the contingents collected with the 'osür'. As military leaders the pasha play a similar role to the Christian generals.*

2-3: musellim, scavatori e lagimçi, minatori e. La presenza di maestranze per lo scavo di trincee e per tutte le altre operazioni necessarie in un assedio fu una costante delle operazioni turche a Creta. Nel 1648 giunsero nell'isola 30.000 operai reclutati in Armenia e in altre regioni con popolazione in prevalenza cristiane, compresa la stessa Creta. (ricostruzione da La Haye-van Moor, *Cent estampes representant different Nation du Levant*)

*2-3: **'musellim' diggers and 'lagimçi' miners.** The presence of workers for the siege operations was a constant of the war in Crete. In 1648 arrived in the island 30,000 workers enrolled in Armenia and in other regions with predominantly Christian population, Crete included.*

4: topçu, artigliere. L'artiglieria ottomana ricoprì un ruolo di grande importanza durante gli assedi, mettendo in pratica nuove tattiche di combattimento e perfezionando la tecnologia degli armamenti. Verso la fine dell'assedio di Candia furono sperimentati con grandissimo rischio i proiettili esplosivi, ricavati da palle di metallo cave riempite di polvere nera, innescate pochi istanti prima di essere sparate con i mortai. Tutte le fonti d'epoca indicano che i kaftan verdi erano caratteristici degli artiglieri del kapikulu. (Ricostruzione da un'illustrazione ottomana della metà del XVII secolo, Collezione Bull; biblioteca del Museo Stibbert, Firenze)

*4: **topçu, artilleryman.** The Ottoman artillery played a major role during the siege, introducing new practice, combat tactics, and improving the weapons technology. Before the end of the siege of Candia were tested, with greatest risk, explosive shells made from hollow metal balls filled with black powder, triggered a few seconds before being fired by mortars. All the period sources tell green kaftan as the typical dress for kapikulu artillerymen.*

TAVOLA H: LA TRINCEA, 1667-69

1-2: fanteria serrhadkulu; azab tüfekçi. Gli azab costituivano la fanteria della riserva, adibita al servizio di guarnigione in sostituzione dei giannizzeri quando questi si trovavano in campagna. Il corpo degli azab era per certi aspetti simile alla Landwher austriaca oppure alle cernide venete, ma rispetto a queste ultime venne impiegato spesso anche fuori dal territorio metropolitano (ric. dal Codex Vindobonensis)

*1-2: **serrhadkulu infantry; azab tüfekçi.** The Azab infantry were used for garrison service instead of the Janissaries when they were in campaign. The Azab was in some ways similar to the Austrian Landwher or Venetian cernide, but compared to the latter was also often used outside the metropolitan area.*

3: sipahy toprakly; zeamet, Siria o Irak. Ciascun governatore delle province che costituivano l'impero conduceva in guerra un contingente formato da soldati a cavallo, appunto dei sipahy. Questi corpi potevano essere anche molto numerosi, in quanto ingrandivano le loro file con volontari e con i titolari delle rendite in cui era divisa ogni provincia,ovvero gli zeamet e i timar. Alla fine della guerra la milizia toprakly di Creta assommava sulla carta a oltre 30.000 uomini. (Schāname di Firdousi, manoscritto di Berlino, 1605; elmo çicak siriano, metà del XVII secolo, Raccolte Artistiche del Castello Sforzesco, Pavia)

*3: **sipahy toprakly; zeamet, Siria or Irak.** Each provinces governor led in war a contingent formed of soldiers on horseback, just the 'sipahy'. These corps could also be very numerous, as it increased their ranks with volunteers and with the holders of districts in which each province was divided, namely 'zeamet' and 'timar'. After the war the toprakly militia of Crete sums up on the paper more than 30,000 men.*

4: fanteria kapikulu; cebeci. I cebeci erano una specialità della fanteria del serraglio, originariamente incaricata della custodia delle armi da fuoco e della loro manutenzione. In qualità di specialisti erano affidati a loro anche gli armamenti speciali, come il pesante moschetto da spalto, servito da una coppia di soldati.
(Ricostruzione da L. F. Marsigli, Stato Militare dell'Imperio Ottomano)

*4: **kapikulu infantry; cebeci.** The cebeci were a special elite infantry, which was originally responsible for the custody of firearms and their maintenance. As specialist, were assigned to them also special weapons, like the heavy rampart musket, served by a couple of soldiers.*

TAVOLA I: INSEGNE VENETE E ALLEATE

1: Bandiera di fanteria appartenente a un reggimento sconosciuto; 1659. Dimensioni approssimative cm. 190x190.
(Ricostruzione da un particolare dal ciclo di affreschi sulle imprese di Francesco Morosini; Museo Correr, Venezia)

***Infantry flag, unknown unit; 1659.** Approximate size cm. 190x190.*

2: Allo scopo di dissimulare la propria partecipazione alla guerra contro La Porta, il contingente francese giunse a Candia nel giugno del 1669 formalmente sotto la bandiera del pontefice. Nonostante fosse chiara a tutti la reale provenienza di questi soldati, tutte le fonti insistono sull'impiego da parte francese di insegne con le armi del papa. (ipotesi di ricostruzione)

To conceal their participation at the war, the French corps arrived in Candia in June of 1669, formally as papal contingent. Nevertheless the real provenance of these soldiers was clear, all the sources insist on their use of flags with papal arms.

3: Bandiera di fanteria (?), unità sconosciuta; 1660. L'impiego di bandiere di questo tipo sia da parte delle truppe di terra che dalla marina veneziana è testimoniato in molti dipinti. Insegne simili sarebbero state usate anche a scopo di segnalazione, come avvenne in occasione della sortita del giugno del 1669, quando fu issata sui baluardi una bandiera a fasce bianche e azzurre per segnalare l'ordine dell'assalto. Dimensioni approssimative cm. 170x190. (Ricostruzione da un particolare dal ciclo di affreschi sulle imprese di Francesco Morosini; Museo Correr, Venezia)

***Infantry (?) banner, unknown unit; 1660.** Striped flags used by Venetian land or naval forces are related in several sources. Similar flags were also used for signals, as happened during the sortie in June of 1669, when a white and azure striped flag was hoisted on the ramparts to indicate the order for the assault. Approximate size cm. 70x70.*

4: Stendardo di una compagnia di cavalleria grossa; 1659. Il leone di San Marco è rappresentato 'in moleca'. Dimensioni approssimative cm. 60x60. (Ricostruzione da un particolare dal ciclo di affreschi sulle imprese di Francesco Morosini; Museo Correr, Venezia)

Heavy cavalry company standard with San Marco lion standing 'in moleca' ; 1659. Approximate size cm. 60x60.

5: La semplice croce bianca su fondo carminio costituiva il drappo d'ordinanza dei cavalieri di Malta. Bandiere come questa furono usate anche dal contingente dei venturieri francesi sotto il duca de La Feuillade giunto a Candia nel 1668. (Ricostruzione da ill. contemporanee)

The simple white cross on crimson represented the order of the Knights of Malta. In Candia the Maltese flags were also used by the French adventurers under the duke of La Feuillade in 1668.

6: Il reggimento di fanteria von Bühren (1669-70), noleggiato da Venezia nell'elettorato di Baviera, ricevette questo drappo da usare verosimilmente con la propria insegna colonnella, che purtroppo è andata perduta. L'utilizzo di insegne con il leone alato di San Marco, anche da parte di reggimenti stranieri noleggiati, doveva essere una prassi comune nell'esercito della Serenissima e gli stessi elementi compaiono in epoca successiva anche su altre bandiere. Notare che il leone non poggia le zampe posteriori sul mare, come invece dovrebbe essere rappresentato in maniera araldicamente corretta; tuttavia ciò potrebbe essere dovuto al deterioramento dei colori causato dagli anni. (Dimensioni ca. 190x190 cm. Bandiera conservata nella chiesa di St. Josef a Pucheim, Baviera)

6: The Bavarian infantry regiment von Bühren (1669-70) *received this flag to be possibly used with their colonel insignia, which unfortunately has been lost. The use of flags of this type, even by hired foreign regiments, must have been common in Venetian army. Note that San Marco lion is unsupported by the hind legs on the sea, as seen in other contemporary flags, but it may be caused by deterioration of the colors. Approximate size cm. 190x190.*

TAVOLA I: INSEGNE OTTOMANE

1: Nessuna insegna impiegate dalle truppe di terra ottomane durante la guerra di Candia è giunta fino a noi, tuttavia la tipologia dei drappi di quel periodo fu sostanzialmente identica a quella degli anni immediatamente successivi. Le grandi bandiere con iscrizioni come quella raffigurata erano normalmente le insegne principali dei pashà e dei comandanti di grandi corpi. La simbologia dei colori non seguiva fra gli ottomani le stesse regole dell'araldica occidentale, tuttavia il rosso e il giallo erano considerati i colori imperiali, mentre il verde simboleggiava la fede nell'Islam. Indipendentemente dalla forma e dalle dimensioni le bandiere ottomane prendevano il nome di sançak. Dimensioni cm. 325x167. (Bandiera catturata a Parkàny, 1683; Heeresgeschichtliches Museum, Wien)

1: *No infantry or cavalry insignia used by Ottoman during the War of Candia has arrived to us, however, the flags were essentially identical to the following years examples. Large banners with inscriptions such as that depicted were usually the main insignia for pasha and large corps commander. The symbolism of the colours among the Ottomans did not follow the same rules of western heraldry, but the red and yellow were considered the imperial colours, while green symbolizes the Islam faith. Regardless of the shape and size of the Ottoman flags were called Sancak. Size cm. 325x167.*

2: Tutti le bandiere raffigurate sono prede di guerra risalenti ad anni successivi alla guerra di Candia, tranne questa, proveniente da una miniatura della metà del XVII secolo, dove appare come insegna di una batteria di artiglieria. Anche in questo caso predominano i colori imperiali giallo e rosso. Dimensioni presunte cm.150x70. (Miniatura ottomana, circa 1645; British Library, London)

2: *All the flags depicted are war trophy dating from the years following the war of Candia, except this one, reproduced in a miniature dating the half of seventeenth century, where it appears as insignia for an artillery battery. Even in this case predominate the red and yellow imperial colours. Size supposed cm.150x70.*

3: Un altro sançak di grandi dimensioni come quello della figura 1, ma in stile figurativo, in questo caso con crescente aperto e czintamani. Nella simbologia ottomana il crescente rivestiva molteplici significati, uno di questi era l'impronta del cavallo del Profeta. Insegne come questa appartenevano tanto ai corpi di cavalleria che di fanteria. Dimensioni cm.318x142. (Bandiera catturata a Peterwaerdein, 1694; Badishes Landesmuseum, Karlsruhe)

3: *Another large sançak as that of Figure 1, but in a figurative style, in this case an open crescent and 'czintamani'. As other Ottoman symbols, the crescent has multiple meanings, one of them is the imprint of the Prophet's horse. Insignia like this belonged to cavalry or infantry corps. Size cm. 318x142.*

4: Una bandiera dove si trovano riunite le iscrizioni con motivi figurativi, ampliamente rappresentati da crescenti, stelle, mezzaluna, spada 'zulfiqar' e la mano di Fatima. Le grandi dimensioni del drappo e i numerosi simboli religiosi raffigurati fanno presumere che si tratti di un sançak dei giannizzeri. Dimensioni cm. 230x173. (Bandiera catturata a Vienna, 1683; Heeresgeschichtliches Museum, Wien)

4: *A flag which is being combined inscriptions and figural motifs, represented largely by rising, star, crescent, sword 'Zulfiqar' and the hand of Fatima. The large size of the flag and the numerous religious symbols depicted suggest that this is a Janissary sançak. Size cm. 230x173.*

5: Tutte le lance della cavalleria ottomana erano normalmente dotate di un piccolo pennone a una o due code; quelli raffigurati sono alcuni fra i tipi più comuni. (L. F. Marsigli, Stato Militare dell'Imperio Ottomano e Cevad Ahmed Beg: Etat Militaire Ottoman depuis la Fondation de l'Empire jusqu'à nos jours)

5: *All the lances of the Ottoman cavalry usually carried a small pennant with one or two tails, the ones shown here are among the most common types.*

CRONOLOGIA DEI PRINCIPALI AVVENIMENTI DAL 1644 AL 1669

- 1644 -

28 settembre: i cavalieri di San Giovanni catturano due vascelli ottomani al largo di Rodi; fra i prigionieri vi sono alcuni membri della corte; durante il viaggio di ritorno a Malta le galere fanno a scalo a Creta.
16 ottobre: l'ambasciatore veneziano presso la Porta respinge le insinuazioni di complicità con i maltesi.

- 1645 -

30 aprile: la flotta turca salpa da Navarino nel Peloponneso diretta a Creta. Giugno: gli ottomani sbarcano sulla spiaggia cretese di Gognà e si impossessano dei forti veneziani sull'isola di San Teodoro; la flotta veneta bombarda il porto di Patrasso. 29 giugno: inizia l'assedio ottomano de La Canea; la piazza si arrende 54 giorni dopo.
28-29 settembre: la flotta veneta, rinforzata da unità ausiliarie italiane, attacca il porto de La Canea.

- 1646 -

3 gennaio: muore il doge Francesco Erizzo, gli succede Francesco Molino. 30 gennaio: il sultano fa eliminare il comandante turco a Creta, Mascovich Iussuf; il comando delle operazioni passa al beglerbeg di Buda Hüsejn Pasha, che lo terrà per 11 anni. 30 marzo: i vascelli veneti agli ordini di Girolamo Morosini gettano l'ancora di fronte ai Dardanelli e impongono il blocco navale. 26 maggio: i veneziani respingono il tentativo della flotta turca di superare il blocco dei Dardanelli. 21 novembre: si arrende dopo 24 giorni di assedio la guarnigione veneziana di Retimo.

- 1647 -

25 gennaio: scontro navale al largo di Navarino nel Peloponneso. 28 febbraio: i turchi conquistano Novigradi in Dalmazia. 19 marzo: si arrende in Bosnia la fortezza turca di Zemonico (od. Zemunik Donji). 31 marzo: i veneziani sotto Lunardo Foscolo riconquistano Novigradi in Dalmazia. Primavera - estate: epidemia di peste a Creta.
28 giugno: scontro campale nella piana di Messarea favorevole agli ottomani. 26 agosto – 16 settembre: fallisce l'assedi turco a Sebenico.

- 1648 -

7 marzo: tempesta al largo di Psarà; muore annegato il capitano generale Giovanni Battista Grimani.
18 marzo - 1 aprile: assedio di Clissa (od. Klis in Croazia). 1 maggio – 10 novembre: è respinto il primo assedio ottomano a Candia. 18 agosto: a Istanbul viene deposto e ucciso il sultano Ibrahim I; al suo posto è insediato il figlio dodicenne Mehmet IV. Autunno: rivolte in Anatolia.

- 1649 -

Giugno: a Creta la flotta ottomana conquista la fortezza di Paleocastro, ma fallisce di fronte a Suda.
Primavera-estate: aumentano le rivolte in Anatolia contro il governo.
Settembre: fallisce un tentativo veneto di impadronirsi di Signa (Sinj) in Dalmazia
18 luglio- 2 ottobre: fallisce il secondo tentativo degli ottomani di impadronirsi di Candia.

- 1650 -

14 luglio: a Creta i veneziani riconquistano San Teodoro e Turlurù, ma le abbandonano dopo spianate le fortificazioni.

- 1651 -

10 luglio: violento scontro navale al largo dell'isola di Paris (od. Paros) nelle Cicladi, favorevole alla flotta veneta.

- 1652 -

21 febbraio: i veneziani conquistano la fortezza di Duare in Erzegovina (od. Zadvarje in Croazia).
primavera: il senato veneto invia Giovanni Capello a Istanbul per negoziare la fine delle ostilità con la Porta.

- 1653 -

20 agosto: incursione della flotta veneta contro la fortezza di Napoli di Malvasia (od. Monemvasia nel Peloponneso).

- 1654 -

25 marzo: i veneziani sono sconfitti davanti a Clino in Erzegovina (od. Knin in Croazia). 21 aprile: le galere maltesi sconfiggono una squadra turca al largo di Rodi. 16 maggio: la flotta turca agli ordini di Murad Pascià si scontra con la flotta veneta, sotto Giuseppe Dolfin, nella prima battaglia dei Dardanelli. Settembre: fallisce il tentativo turco di impadronirsi dell'isola di Tine (od. Tinos) nell'Egeo.

- 1655 -

27 febbraio: Carlo Contarini è il nuovo doge. Aprile: la flotta veneta sotto Francesco Morosini bombarda il porto di Volo (od. Volos) in Tessaglia e conquista l'isola di Egina nell'Egeo.
21 giugno: dopo sei ore di combattimento la flotta ottomana abbandona il tentativo di forzare il blocco veneto nella seconda battaglia dei Dardanelli. Luglio: nuove trattative di pace fra Venezia e La Porta.

- 1656 -

30 aprile: muore Carlo Contarini; il 17 maggio è eletto nuovo doge Francesco Cornaro, deceduto 20 giorni dopo e sostituito da Francesco Valier il 14 giugno. Primavera: scoppiano rivolte in Siria, Anatolia ed Egitto.
26 giugno: terza battaglia dei Dardanelli; vittoria dei veneziani; morte del capitano generale Lorenzo Marcello. Luglio-agosto: i veneziani occupano le isole di Tenedo e di Lemnos nell'Egeo settentrionale. 14 settembre: Köprülü Mehmed è nominato gran visir.

- 1657 -

Primavera: rivolta in Siria contro il gran visir guidata dal pashà di Aleppo Hassan Aga. 16 maggio: nuovo scontro navale nei Dardanelli, vittoria dei veneziani guidati da Lazzaro Mocenigo. 18 maggio: sbarco dei veneziani sulle coste dell'Anatolia, che catturano le fortificazioni turche a Svazichi. 3 giugno: navi venete distruggono a Chios i rifornimenti per Creta imbarcati sulla Carovana del Cairo. 17 luglio: vittoria dei veneziani nella quarta battaglia dei Dardanelli. 18-19 luglio: le galere veneziane penetrano nei Dardanelli e superano lo sbarramento dei forti nemici, ma l'esplosione della galera del capitano generale mette fine all'azione: nel combattimento rimane ucciso il capitano generale da mar Lazzaro Mocenigo. 30 luglio: i turchi assediano Castelnuovo di Cattaro, ma si ritirano due mesi dopo. 23 settembre- 1 ottobre: i turchi riconquistano Tenedo e Lemnos. Autunno: si riaprono le trattative di pace fra Istanbul e Venezia.

- 1658 -

8 aprile: elezione di Giovanni Pesaro a doge. 1 maggio: Francesco Morosini è nominato nuovo capitano generale.
3 maggio: spedizione punitiva contro la Transilvania ordinata da Köprülü Mehmed. Luglio: sbarco veneto in Anatolia; saccheggio di Cisme e conquista dell'isola di Castel Russo (od. Kastelorizo) vicino a Rodi.

- 1659 –

Maggio: la flotta veneta riconquista l'isola di Grabusa (Karabusa) di fronte a Creta.
30 settembre: Domenico Contarini è eletto doge il 16 ottobre.

- 1660 -

Giugno: la flotta veneta si impadronisce di Schiatti (od. Skiathos) nell'Egeo settentrionale.
Agosto-settembre: i veneziani e i loro alleati sbarcano in prossimità de La Canea, ma fallisce il tentativo di togliere la città ai turchi. 1 settembre: in Albania i veneziani conquistano la fortezza di Butrinto.

- 1661 -

27 agosto: la flotta sottile veneta, rinforzate da unità maltesi, sconfigge le galee ottomane al largo di Milos.
30 ottobre: morte del gran visir Köprülü Mehmet, gli succede il figlio Ahmed.

- 1662 -

Primavera: riprendono le trattative di pace fra Venezia e Istanbul.
Autunno: aumentano le tensioni fra imperiali e turchi a seguito della crisi in Transilvania.

- 1663 -

Aprile: i turchi riconquistano Butrinto in Albania. Giugno: in Ungheria iniziano le ostilità fra il sultano e l'imperatore.

- 1664 -

Febbraio: si interrompono i negoziati fra veneziani e ottomani. 1 agosto: Montecuccoli sconfigge Köprülü Ahmed a Szent Gotthard, nove giorni dopo imperiali e turchi siglano la pace di Vasvar.

- 1665 -

Primavera: scorrerie turche in Dalmazia, alle quali seguono rappresaglie in Bosnia e Erzegovina da parte dei veneziani.

- 1666 -

16 aprile: un contingente alleato sbarca a Creta agli ordini del marchese Francesco Villa.
1 Maggio: fallisce il tentativo alleato di cacciare i turchi dall'isola di Creta.

- 1667 -

22 maggio: muore il pontefice Alessandro VII, gli succede Clemente IX.
25 giugno: i turchi sotto il gran visir Köprülü Ahmed riprendono l'assedio di Candia.

- 1668 -

18 dicembre: fallisce la sortita dei venturieri francesi a Candia. Autunno-inverno: Venezia rinnova l'offerta di pace al sultano, ma il gran visir si oppone alla continuazione delle trattative.

- 1669 -

19 giugno: sbarca a Creta il corpo di soccorso inviato da Luigi XIV. 25 giugno: fallisce a Candia la sortita guidata dal duca di Beaufort.
6 settembre: il capitano generale da mar Francesco Morosini firma la resa di Candia.

Printed in France by Amazon
Brétigny-sur-Orge, FR

42124707R00047